学校統廃合と廃校活用

― 地域活性化のノウハウ事例集 ―

嶋津隆文　編著

東京法令出版

廃校は地域の宝もの

廃校活用の現地ヒアリングで、愛知県のある山間の村でこんな話を聞いた。

「ここの集落に現在子供の数はゼロ、全く居ないのです。だから夏休みのキャンプなどで子供たちの声が響くことは住民にとって大きな喜びとなっています。地域としては学校の活用は大歓迎ですよ」。

廃校となった小学校を、都市部の子供たちの自然体験学習の施設として運営している、女性管理人の言葉である。「廃校は地域の宝ものです」。そうしみじみ語るなかに、廃校舎をふるさとの元気のために大切に活かしたいとする過疎地の願いを、強烈に思い知らされたものである。

本著の基本的視点

いま我が国では、少子高齢化のなかで地域の風景も人々のライフスタイルも大きく変わろうとしている。その一場面が学校の消滅の事態である。しかしその空き校舎を、地域にとっての虎の子として活用しない手はない。そう考える私たちが、この本をまとめるに当たってとった基本的視点は以下のとおりである。

少子化の進行は、我が国の社会を様々な形で変容させようとしている。公立校の廃校数は、平成14〜25年度までの12年間で5,801校もの大量の発生を見ている。しかもその5,801校のうち、既に取り壊された701校を除く5,100校は、「活用されているもの」が3,587校（7割）の一方、「活用されていないもの」が1,513校（3割）にも及ぶ。

学校は歴史的にも地域の結集軸であり、統廃合は地域の元気を奪うものではないかとの声もある。それだけに学校再編を進めている自治体にとって統廃合による空き校舎等の活用策は、喫緊の課題となっている。

　にもかかわらず、廃校活用は十分には行われていない。住民合意の困難さや建築基準法など既存の制度のしばり、あるいは財政的な制約が存在するからである。しかし他方で、「生活者の視点」に立って、したたかに廃校活用を図ろうとしている動きは各地にある。言い換えれば、風土や個性に見合った活性化策を、チエと工夫で展開していこうとする地域が少なくないのである。

　本著は、そうした取組み例を整理してきたものであり、それだけに人口減少問題や廃校問題を抱える多くの自治体や住民に、ビビッドで有用な情報を提供できるものと考えている。「廃校は地域の宝ものです」。山間の村で聞いたこの言葉が、全国の各地の取組みに浸透していくことがあればうれしいと思う。

本著の構成

　本著は全国各地の先行事例を紹介し、それらを素材として、以下の5章で構成してみた。

　1章では、廃校活用の前段である学校の再編統廃合について、その課題、手順、推進のノウハウをここ一両年前に取り組まれた、ある海沿いの自治体（愛知県田原市）を例に提示してみた。特にきれいごとでなく、時に対立し、時に協働する行政と地域の生のやりとりを追ってみた。

　2章では、津々浦々に広がっている我が国の廃校の、その現状と活用状況を概括した。あわせて文部科学省情報など、全国の廃校活用策の情報の所在とアクセス手段について提示した。

3章では、全国の先行事例を基に、廃校活用の課題と方向性を示してみた。例えば農村部では愛知県の東栄町（のき山学校）や新城市（つげの活性化ヴィレッジ）、栃木県塩谷町（星ふる学校くまの木）、新潟県佐渡市（学校蔵）、徳島県上勝町（山の楽校・自然の宿あさひ）などを事例として採録した。都市部では豊島区（みらい館大明）、台東区（台東デザイナーズビレッジ）、京都市（学校歴史博物館、京都芸術センター）などを取り上げた。具体的な事例が最も有用に説得力を持つと考えたからである。

　4章では、これら全国の調査結果を参考に、1章の愛知県田原市の小中学校をケーススタディとして、廃校活用の具体策を検討してみた。その海沿いの自治体での検討案は、当該自治体のみならず、全国各地の廃校活用による地域活性化策の議論の素材となると期待する。

　そして5章では、廃校活用等で地域の活性化を図る上での、右肩上がりの発想に拘泥する行政や地域の姿勢への問題を提起した。少子高齢化が不可避的な地域の中にあって、拡大幻想を持たず、身の丈に合った施策を選別する時代に入ったことを確認したいと思ったからである。

本著の経緯と今後

　本著の取りまとめに当たって、その基礎となったのは田原市と愛知大学の連携事業の「廃校活用による地域活性化策に関する調査研究」（平成27年度）である。調査研究は愛知大学三遠南信地域連携研究センター（センター長戸田敏行愛知大学教授）が主体となった。そして本著の執筆は、NPO法人フォーラム自治研究（FJK）が主に以下の分担で行った。ちなみにNPO法人フォーラム自治研究は、全国各地の地方自治の推進、地域経済の活性化、地域文化の創

造に取り組むシンクタンクである。

　　　嶋津隆文　　1章　3章（1節・3節）　5章

　　　久保田経三　2章　3章（2節）

　　　板倉祥文　　4章

　また阿知波正氏、湯浅崇氏をはじめ、㈱東京法令出版の方々のご協力には感謝を申し上げたい。廃校活用の動向に強い関心を持っていただいたばかりでなく、廃校が地域活性化への有力なきっかけになることを一貫して期待し、力添えをしてくださったからである。写真等では山田隆之氏の尽力をいただいた。

　今後本著が、廃校活用策に悩む全国への実践的で良質な情報となっていくことを願ってやまない。

　　　平成28年夏草繁る8月に

　　　　　　　　　　　　　　　　　　　　編著　嶋津隆文

目 次

1章　学校の統廃合とそのノウハウ　　1

1. 止まらない少子化と広がる学校統廃合 ……………………… 1
2. 学校統廃合の手順（プロセス）は ……………………………… 8
3. ある自治体の学校統廃合の取組み …………………………… 10
4. 当事者から聞いたこと、知ったこと …………………………… 33

2章　全国の廃校の現状と活用状況　　53

1. 10年余で廃校数は5,801校に ………………………………… 53
2. 廃校後の建物・土地の活用状況 ……………………………… 55
3. 廃校活用のための情報支援と制度緩和 ……………………… 58

3章　廃校活用の諸制約とその超え方　　69

1. 地元合意の難しさをどう超える ………………………………… 69
2. 法のしばりをどうクリアする …………………………………… 95
3. カネの制約とその超え方は …………………………………… 121
4. さらに聞きたいこと、知りたいこと …………………………… 163

4章　廃校活用の応用案ケーススタディ　　173

1. 浜辺のそばの小学校 …………………………………………… 173
2. 海抜の低い小学校 ……………………………………………… 180
3. 高台にそびえる小学校 ………………………………………… 185
4. 田園のなかの中学校 …………………………………………… 195

5章　廃校活用へのもう一つの視点　　205

1. 廃校活用は独自のまちづくりができる好機 ………………… 205
2. 「あすなろ行政」から脱却すること …………………………… 212

活用事例マップ

（　）は本著で扱った頁

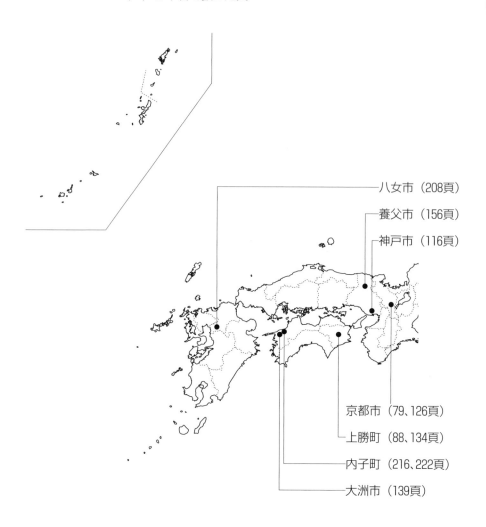

- 八女市（208頁）
- 養父市（156頁）
- 神戸市（116頁）
- 京都市（79、126頁）
- 上勝町（88、134頁）
- 内子町（216、222頁）
- 大洲市（139頁）

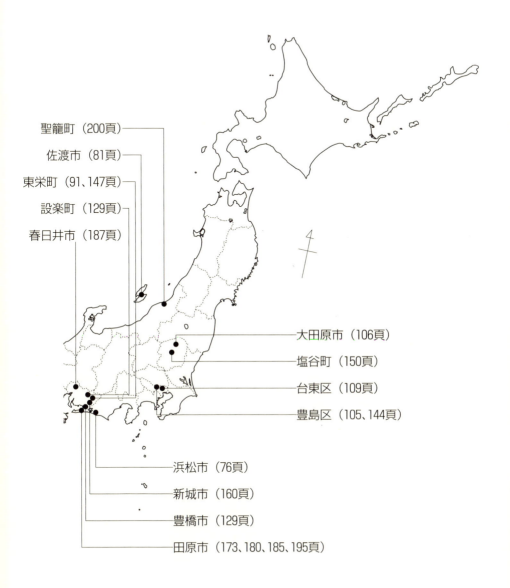

1章 学校の統廃合とそのノウハウ

　本章では、廃校の活用を考える前段として、学校の統廃合とその手順について述べる。まずは地域社会で進む少子化の姿と、その象徴としての学校再編の実態を見ていく。それを踏まえ、廃校活用策の議論と共通する学校統廃合のプロセス上の留意点や、地元の合意形成のノウハウを示していきたい。

 1　止まらない少子化と広がる学校統廃合

　最初に昨今の我が国の小中学校の統廃合について、現在どんな状況になっているのかを見てみよう。学校統廃合を大量発生させる少子化の実態と、それに起因する今後の学校の将来像をざっと俯瞰してみる。

1　文部科学省、60年ぶりに学校統合の促進を通知

　平成27（2015）年1月27日、文部科学省から一本の通知が出された。「公立小学校・中学校の適正規模・適正配置等に関する手引き　〜少子化に対応した活力ある学校作りに向けて〜」である。都道府県等の教育長及び知事宛の事務次官通知であり、全国の教育委員会が小中学校の統廃合を進める際の指針となる。昨今の我が国の著しい少子化問題をフォローする、学校現場に対する60年ぶりの基準改定である。

(1)　まず小学校で6学級以下、中学校で3学級以下の学校は統廃合の適否を「速やかに検討する必要がある」と明記する。特に1学年1学級を維持できない小中学校については、「教育上の課題が極めて大きく、統合

1

の適否を速やかに検討する必要がある」と指摘した。事実上の統廃合の促進を謳うものだ。通知文は冒頭にこう記している。

「学校教育においては、児童生徒が集団の中で、多様な考えに触れ、認め合い、協力し合い、切磋琢磨することを通じて一人一人の資質や能力を伸ばしていくことが重要であり、小・中学校では一定の集団規模が確保されていることが望まれます」。

「近年、家庭及び地域社会における子供の社会性育成機能の低下や少子化の進展が中長期的に継続することが見込まれること等を背景として、学校の小規模化に伴う教育上の諸課題がこれまで以上に顕在化することが懸念されています」。

この文科省通知では、集団の中で切磋琢磨することの大切さと、社会性育成の機能の重要性が特に強調されているといえる。

⑵　同時に文科省はこの次官通知で、通学範囲の条件も緩和し、より遠方の学校と統廃合しやすくした。60年前の手引き等で示した通学範囲は、小学校で4キロ以内、中学校で6キロ以内。新たな手引きはこの距離と並行し、「おおむね1時間以内」という基準を設けた。スクールバスなどでの通学を想定し、広範囲で統廃合できる可能性を示したのである。

⑶　もっとも一方で、小規模校を存続させる場合の対応策も盛り込んだ。地理的な事情や地域コミュニティの核として学校を残す選択も「尊重される必要がある」としている。小中一貫教育や、テレビ会議システムを使った他校との合同授業などを提案しているのだ。

しかしこの通知の基本的な視座が、統廃合の促進にあることは否定できないだろう。すなわち60年ぶりに新たな指針を出さなければならないほど、我が国の少子化と学校統廃合の課題は逼迫してきたということである。

2　ここ10年余で5,801校が廃校となった

少子化の進展は速く、そして広範だ。文科省の平成26年度「学校基本調査」を見てみよう（図表1－1）。平成26年度の公立小学校の児童数は660万人で前年度より7万7,000人減少し、過去最低を更新。第1次ベビーブー

ム（昭和33年）と比較するとなんと半減している。中学校は350万4,000人で前年度より３万2,000人減少し、やはり過去最低を更新した。

図表１−１　小・中・高等学校の児童・生徒数の推移

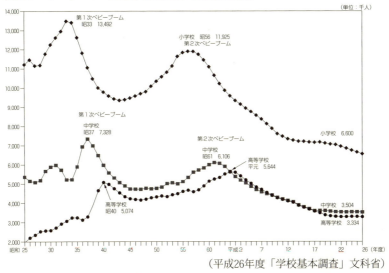

（平成26年度「学校基本調査」文科省）

　では実態として、どれほどの学校統廃合が行われているのだろうか。
　文科省は毎年、公立小中高校の廃校とその跡地活用状況に関する調査結果を公表している。それによると、平成14（2002）年度から25年度までの12年間で5,801校が廃校となっている。特に近年、この統廃合は急伸して平成24年度に598校、25年度は482校となり、この両年で公立1,080校が廃校になっている。内訳は小学校765校、中学校221校、高校など94校で、小学校の廃校化が大きい。低年齢層の少子化が特に著しいということだ。
　ちなみに平成14年といえば学習指導要領が大きく改訂されて、「総合的な学習の時間」が設けられた年である。公立学校の完全週休２日制も導入され、いわゆる「ゆとり教育」が始められた。しかしこの改訂には、その後ほどなく児童生徒の学力低下を招いているのではないかとの懸念の声が上がる。学習指導要領が再び改訂され、小学校は平成23年度から、中学校は翌年の平成24年度から、ゆとり教育は終わりを迎える。学校統廃合の動きの広がりは、ちょうどこのゆとり教育10年余の期間と符合する。教育委

員会に学校改革に着手するゆとりができたからともいえるかもしれない。

3 少子化は深刻、しかしまだ薄い危機感

　学校の統廃合の原因は、もちろん平成の大合併などの背景もあろう。平成11年から10年ほどにわたって進められたこの合併で、3,200ほどあった市町村がほぼ半減した。平成26年度末現在の自治体数は1,718である。行政エリアの拡大を生じた自治体は、大合併の気運のなかで、公共施設の統合を進めることになる。その一環として小中学校も俎上に上ったのだ。しかし学校の統廃合の主因はやはり少子化の進行といってよい。

⑴　少子化の進行は、終戦後の時点から見ると更に急激さが分かる。昭和22（1947）年の、団塊世代の登場時の出生率は4.54、出生数は約270万人であった。だがその後、出生率・出生数ともに減少する。昭和50年に出生数は200万人を、昭和59年には150万人を割り込んだ。平成元年には出生率が昭和41年の丙午（ひのえうま）の年に記録した1.58を下回り、「1.57ショック」と呼ばれる。さらに、平成17（2005）年には過去最低である1.26まで落ち込んだのである。

　果たして「出生率1.26」に日本社会は衝撃を受け、平成17年の元日には、各新聞社が洪水のような人口減少社会への警告の特集記事を組んだ。その元旦の各紙の新春特集記事の表題は以下のようであった。

　　「待ったなし　『人口減少時代』」（産経新聞）

　　「『未来が見えますか』　人口減少時代の日本」（毎日新聞）

　　「『人が減る！』　ニッポン力で挑む」（東京新聞）

　　「『少子化に挑む』　ニッポン大転換」（日経新聞）

　しかしこうして乱打された警鐘にもかかわらず、我が国の少子化対策は遅れた。未婚、非婚が拡大し、出生率が減少基調にあるのが現状である。もちろん平成4（1992）年には我が国の少子化対策の始まりとされる「エンゼルプラン」が策定されている。保育所の待機児童ゼロ作戦を進める保育サービスが中心の施策であった。その後の平成12年の少子化対策プラスワンでは、「男性を含めた働き方の見直し」や「地域における子育て支援」などの取組みが行われ、翌年には少子化対策基本法、次世代育成支援対策

推進法が策定された。

　だが、それから20年余。果たして効果はどうか。出生数では平成21年以降４年連続で過去最低を記録し、平成26年には過去最低の約100万人となってしまっているのである。

⑵　ではこれからの我が国の未来はいかになるのであろう。少子化傾向の深刻さは基本的に変わらない。国立社会保障・人口問題研究所の中位推計では、出生率はおおむね1.39。その水準はその後も続き、半世紀後の2060年でも1.35としている。その中で子供たちの数はどうなるか。年少人口（0〜14歳）で見てみる。平成22（2010）年の年少人口1,684万人に対し、30年後（2040年）には1,073万人と3分の2まで減少する。さらに50年後（2060年）には半分になると予測されているのだ（「日本の将来推計人口」平成24年１月国立社会保障・人口問題研究所）。

　どう転んでも、少子化の深刻さは、将来とも極めて厳しいものがあるのだ。平成27年秋、政府は「希望出生率1.80の実現を目指す」との目標値を発表した。数値目標の設定は戦後初めてのことである。しかし、希望出生率とは国民の希望が叶った場合の出生率のことであり、結婚をして子供を産みたいという人の希望が叶えられた場合の出生率だ。諸条件が多く付されるだけに目標値には実現のリアリティに欠けると懸念される。ちなみに国（厚生労働省）はこれに前後して、日本の労働力人口が平成17（2005）年の6,770万人をピークに減り始め、2030年には5,800万人に減少すると発表した。何とこの半世紀に我が国は、労働力も1,000万人近く減るというのである。民族としてのコトの深刻さは十分に知るべきだろう。

4　少子化は喫緊の、国家的課題と位置づけるべき

　出生率のアップについては、我が国では国家として推奨することは問題だという気運が戦後久しく残っていた。「産めよ、増やせよ」の軍国主義的宣伝を想起するからだといわれた。またある時はジェンダーフリー運動が高ぶり、「産む権利は女（のみ）が決める」とも叫ばれ、妊娠中絶への抵抗感が緩んだ。しかし昨今、こうした特定の権利偏重の風潮も次第に沈静化してきている。とかく「公」を否定し「私」を過度に強調する「戦後

民主主義」も、逼迫する少子化社会の不安の中で、冷静に再考すべき時代に来たと言ってよいようだ。少子化の克服は喫緊の国家的課題と位置づけるべきなのである。

ところで妊娠中絶については、ここ数年我が国では20万件前後と報告されている（厚生労働省「母体保護統計報告」平成26年）。これは公になっている数であって実態は闇中絶数は把握されていない。そこでちょっと脱線を許してもらおう。少子化については、筆者が身を置いたニューヨーク市役所で次のような出来事を経験した（「コラム」欄）。市の広報に関わっていたユダヤ人女性ナンシー・リーとのやりとりである。30年前のことである。少子化に対する姿勢での、日本社会との温度差に強く気付かされるエピソードと考え、採録する。

Column

サイレント・ホロコーストという規範

ニューヨークに暮らしていると、米国がユダヤ人の国ではないかとしばしば痛感させられる。そんなこともあって、20年ほど前の焼きつくような夏の初め、ユダヤの歴史を知るためにイスラエルのマサダの砦を訪れた。

言うまでもなく、イスラエルは国を失ったユダヤ人が第2次世界大戦後に新しく建設した国家だ。その都エルサレムの東方に死海が広がる。そのほとりにユダヤ人が聖地と崇（あが）めるマサダの砦がそびえる。紀元73年にローマ軍に包囲される中で集団自決し、ユダヤ王国が滅びた最期の地である。この時から彼らは流浪の民として世界に散らばっていき、その失地回復を求めて第2次世界大戦後にイスラエルが建国されるのだ。

ニューヨークに帰った私は、死海の神秘さやマサダの砦の哀しみを、やや興奮しながらナンシー・リーに話したのである。するとこのユダヤ人の友人は、突然こう反応した。「ここで殺された仲間のこと

は絶対に忘れません。ローマに滅ぼされた無念を私たちは忘れることはないのです」。

　その口ぶりに感じたのは、2000年前の出来事が、決して過去の出来事でなく、ほんの昨日の惨事であり、つい先ほどの事件であるという熱気であった。ユダヤ人のしつこさは耳にしていたが、民族存続に関わるこの思いの強烈さには言葉を失ったものである。「そういえばナチスドイツに限らず、歴史上ユダヤ人はずいぶん多くの人たちが殺されてきています。それでも民族が滅びずにきたのはなぜですか？」。ふと口から出た私のこの質問に、彼女は私の目を正面から見据えてこう答えた。

　「民族というのはかけがえのないものです。私たちユダヤ人は、子供をとても大事にします。子供は民族の子、社会の子なのです。どんな関係の男女の間に生まれた子供であっても問題ではありません。堕胎のことは「サイレント・ホロコースト」（無言の虐殺）といって自戒し、社会的に絶対に許さないことと考えています」。

マサダの砦　ユダヤ人の聖地であり世界遺産である。

　少子化の問題はまさに民族の存続に関わる。この当たり前のことを思い切り味わわされたというものだ。少子化に対するこういった国家的危機感は、我が日本ではおよそ希薄になっていたのである。

　学校統廃合や廃校活用を議論するとき、やはりこうした少子化に関する社会的意識は常に持っていたいものと考えたい。

学校統廃合の手順（プロセス）は

　これまで、少子化による学校の現状と我が国の将来の姿を長期的な視点から見てきた。端的に言って少子化の進行が劇的に止むことは想定できない状況にある。したがって、学校の減少は今後も不可避的な課題となっていこう。残念ながら統廃合は検討し続けていかねばならないのである。その前提に立って、ここでは学校統廃合を進める手順（プロセス）についてまず整理していく。

　学校統廃合の手順は、一般的に言えば以下の①～⑨のようになるだろう。

---

① 児童生徒数及び学校統廃合の予測

　まずは少子化に伴う地域の将来の、児童生徒数や学校の動向について、行政（教育委員会）は早期に、そして客観的に把握することが大切である。この作業がイの一番である。子供は成長が早い。5年先や10年先はすぐ目前のこととなる。

↓

---

② 児童生徒数の将来予測（減少実態）の公表

　次いで把握した将来の児童生徒数などの数値について、行政内部はもちろん、議会、マスコミ、地元にも公表して、その実態を認知させていく。同時に複式学級の発生など、少子化による子供の教育環境への具体的な影響についても明示していく。すなわち地域全体での、危機意識、問題意識の共有化である。

↓

---

③ 教育委員会としての統廃合方針（案）の提示

　そして教育委員会は、その将来予測を踏まえながら子供の教育環境の整備を最優先にして、学校の統廃合の基本方針（案）を作成しなくては

ならない。もちろん住民に提示し議論してもらうためのたたき台である。この場合、方針（案）を教育委員会の中だけでなく、外部の有識者や地域の人たちを入れた審議会などで取りまとめるという方法もある。

↓

④　教育委員会による統廃合方針（案）の住民説明会の開催

　教育委員会としてまとめた統廃合方針（案）については、これを丁寧に関係者に説明する。すなわち校区コミュニティ会議、自治会・町内会、PTAなどといった諸団体への説明を徹底するとともに、地域全域での住民への説明会も試みなければいけない。学校は地域全体の問題だからである。何よりも住民の合意は一番の基本である。説明会は多いほどよく、きめ細かいほどよい。

↓

⑤　統廃合方針についての校区協議会や自治会による意見集約

　教育委員会から投げかけられた統廃合（案）については、地域は地域として意見集約を行うことが求められる。その集約はもちろん地域が主体となるべきである。もちろん求められればすぐに行政は地元に顔を出し、説明などを行うことは大事である。

↓

⑥　地元からの首長・教育長への意見書・要望書の提出

　まとめられた地元の意見・要望などは、文書の形にして役所に提出する。文書化は、住民の間でも行政と住民の間でも食い違いが生じてはいけないからだ。提出の役所の相手先はトップの首長・教育長がよい。提出する側も地域の代表者がこれを行う。それぞれに責任を明確にするためである。

↓

⑦　教育委員会による統廃合計画の策定

　地元から提出された意見書・要望書を反映しつつ、教育委員会は教育行政の責任者として、具体的な学校統廃合の計画（プラン）を策定し公表する。その際、議会や地元自治会、PTAなどへの報告と基本的な了解は欠かせない。

↓

⑧　統廃合検討委員会の発足と統廃合への準備整理

　統廃合計画づくりが終わったら、統廃合に向けての具体的な作業に速やかに移らなければならない。校区や自治会の代表やPTA、学校関係者等による学校統合準備委員会といった「公」と「民」のプロジェクトチームを発足させ、新しい学校の制服や行事、スクールバスの運行などの諸課題を整理していく。

↓

⑨　学校統廃合への具体的着手

　個別の作業に着手すると様々な問題が発生する。その一つひとつに教育委員会など、行政は丁寧な説明を心掛けることが肝要である。住民の要望は、特に子供の保護者たちの要望は様々に拡散する。行政の縦割りと違い、住民は自分たち生活者の視点から発言するからだ。それも踏まえ、教育委員会だけでなく、土木部や市民部、産業部など、行政は幅広く対応する姿勢が求められる。

3　ある自治体の学校統廃合の取組み

　ここからは、学校統廃合の手順を具体的な自治体のケースでみていこう。ここで取り上げるのは愛知県の田原市である。田原市ってどこにある

のか？　そう問われるかもしれない。愛知県の太平洋沿いに走る渥美半島
の、そのエリア全体を包む形になっている自治体だ。平成27年での人口6
万2,100人余。一般会計で304億円、水道下水などの特別会計をあわせて全
体の予算が502億円の財政規模である。全国の先行例の中から田原市の学
校統廃合にフォーカスを当てたのはなぜか。それは以下の理由による。

　第1は学校統廃合の規模が大掛かりであったことだ。田原市の全学校27
校を対象とし、その27の小中学校を15校に統合するとしたのである。ほぼ
半減させる改革である。その大きさに着目した。

　第2は統廃合の合意形成が1年余（平成25年〜26年）と短期間でなされ
たことだ。特に「緊急地域」と指定された半島先端の3小学校校区（伊良
湖、堀切、和地）で住民からの激しい反発があったものの、ほぼ1年で合
意される。スケジュールと合意形成のプロセスで注目すべきケースと思わ
れる。

　第3はこの地の統廃合が津波対策と連動したということだ。この3つの
小学校校区が位置する渥美半島先端エリアは南海トラフによる津波警戒地
域であり、その津波対策の先行例としても全国的に注目されていた。

　第4はこの統廃合に関して調査執筆メンバーが直接間接に田原市の行政
に関与してきたことである。一人は教育長として統廃合の経緯を最も知る
立場にあった。

1　田原市という学校統廃合の舞台

　では、学校統廃合の事例紹介の前提として、この田原市（渥美半島）の
町のあらましを少し詳しくお伝えする。

　田原市はそもそも3つの自治体で構成されていた。昭和の合併以降の、
田原町、赤羽根町、渥美町の3町であった。それが平成の合併で田原市と
して一本化された。半島東部に位置する田原町が、平成15年に太平洋岸の
赤羽根町を編入合併して市となる。その2年後の平成17年に渥美町を編入
して現在に至ったのだ。合併当時の人口は、田原町（3万7,000人）、赤羽
根町（6,100人）、渥美町（2万4,500人）であった。ロケーションは次の地
図を見ていただきたい。

　温暖な渥美半島は近郊園芸農業が盛んで、農業産出額は全国市町村の第1位をここ10数年来続けている。しかも半島東部には三河港臨海工業地帯があり、レクサスを生産するトヨタ田原工場が進出している。ちなみにその従業員は7,000人を数え、これが田原市の人口減少を防いでいる。しかし半島西部の農漁村の旧渥美町、赤羽根町の人口減少は大きい。

　田原市の子供の人口について見てみよう。子供の割合（0～14歳）は8,090人（平成27年）から10年後に6,799人（平成37年）へと1,300人弱が減少し、20年後の2035（平成47）年には6,026人へと2,000人の減少が推計されている。率でいえば25％の減である。

図表1－2　田原市の今後の人口　　　　　　　　　　　　　　（田原市）

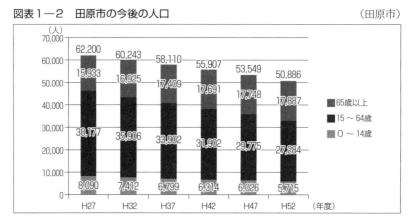

　学校数で見てみる。田原市の公立の学校数は平成26年度まで小学校20校、中学校7校で、全部で27校であった。

　しかし小学校の場合、平成10年度は児童数4,874人であったものが26年

1章 学校の統廃合とそのノウハウ

度は3,429人となり、1,445人（約30％）が減少した。とりわけ半島先端部の3校で見ると、伊良湖小（41人）、堀切小（95人）、和地小（61人）といった児童数となった（**図表1−3**）。これは平成27年1月の文科省通知の学校統合基準の「小学校で6学級以下の学校」にそのまま該当する。

中学校の場合も同様だ。平成10年度の生徒数2,737人が、26年度には1,827人となり、910人（約33％）が減少した。特に先端校区の伊良湖岬中の生徒数（伊良湖、堀切、和地の3小学校の卒業生で構成される）は102人となり、これまた文科省通知の基準の「中学校で3学級以下の学校」そのものとなった。

果たして伊良湖岬エリアにある、これら3小学校と伊良湖岬中学校の計4校が津波対策と連動し、最初に統廃合の俎上に載せられることになるのである。教育委員会はこの校区を「緊急地域」と指定した。ちなみに一年後には、全27校を15校に統合する全体計画を発表することになる。

図表1−3　岬3校区の小中学校の児童生徒数の予測　　　　　　　　（単位：人）

年度（平成）＼学校	26	27	28	29	30	31	32
伊良湖小	41	35	32	27	31	29	27
堀切小	95	85	79	71	69	64	66
和地小	61	57	47	47	56	56	53
伊良湖岬中	102	115	113	115	103	86	79
福江中	350	346	352	345	330	301	286

（田原市）

2 「緊急地域指定」の3小学校区に着眼

田原市の学校統廃合は、平成25年4月に本格的にスタートする。

「まず、伊良湖、堀切、和地の3つの小学校を1つに統合し、それを高台（海抜17m）にある伊良湖岬中の場所に移転し、新設の小学校を造る。他方で新設校の移転先となる伊良湖岬中は、北部にある福江中に統合する。そしてその伊良湖岬中が福江中へ統合するまでは、暫定的に和地小学

13

校の校舎を使用する」。

　そうした方針（案）を教育委員会は立てたのである。

　ちなみにその時、教育委員会は短期的改革と長期的改革の２つの視点を持つこととした。短期的改革として、津波の被害に脅えるエリア（伊良湖小、堀切小、和地小の３小学校区、伊良湖岬中の１中学校区）の小中学校を優先的に統合するというもの。長期的改革として、半島の全27校について、前後して総合的に統廃合していこうというものである。いわば２段階改革論を採ったのだ。

　田原市が着手した学校再編の内容はなかなか複雑である。この田原市の動きを理解してもらうために、当時の新聞記事があるので採録する。なおこの記事は、学校再編の理由を津波対策を基調に説明している。教育委員会としては、少子化対策重視の再編であったことは留意されたい。

参考　2013年6月2日　中日新聞

想定津波22m、３小学校高台で統合

　南海トラフ巨大地震で1,400人の死者が想定されている愛知県田原市の教育委員会は、渥美半島の低海抜地域に立地する小学校など３校を廃止し、高台にある中学校の跡地に統合する計画案をまとめた。既に地元へ説明を始めた。2015年度から再編に着手し、20年度に新小学校を開校する。防災を理由にした学校再編は、東日本大震災の被災地以外では、珍しい。

1章　学校の統廃合とそのノウハウ

　対象となるのは渥美半島先端に立地する堀切、伊良湖、和地の3小学校と伊良湖岬、福江の2中学校。なかでも堀切小は海抜5m地帯にあり、巨大地震発生時には津波被害が避けられない。東日本大震災を受け、1.5キロ離れた高台に15分以内で走る避難訓練、体力づくりのため週3回の持久走などの取り組みで知られる。

　15年度以降、3小学校は順次、統廃合する。19年度までに海抜15〜20m地帯に立つ伊良湖岬中の校舎を取り壊し、地盤をさらにかさ上げして新校舎の建設に着手する。新校舎には堀切市民館も併設し、地域の防災拠点とする。

　伊良湖岬中は、三河湾側にある福江中への統合を検討する。伊良湖小は海抜19m、和地小は23mだが、少子化の問題を抱えるため、統廃合に加わる。通学の便を考慮し伊良湖岬中の跡地が選ばれた。早ければ15年度にも堀切小と他校を統合し、堀切小は現在の場所から移す。

　地元の堀切校区コミュニティ協議会の高瀬勲会長（62）は「子どもたちのことを考え、計画を進めるべきだ。市側は、全体のバランスを考え、不満が出ないような策を最後まで模索してほしい」と前向きに語る。

　市の嶋津隆文教育長は「計画案は議論のたたき台。押し付けず地域の意見を尊重し、要望があれば個別の説明にも応じる」と話している。

　田原市は、南海トラフの地震想定で、最大で22mの津波が来ると予測され、津波の最短到達時間は12分と推定されている。市内の110ヘクタールが10m以上の浸水に見舞われるとされる。

◇被災地、移転に壁
　東日本大震災の被災地の岩手、宮城両県では少なくとも小中学校や高校計80校が使用できなくなった。元の場所で授業を再開できたのは一割以下とされ、多くは仮設校舎や間借りで授業している。

15

高台に移転して新築するには、広大な用地の確保や造成に時間がかかる。早い段階で高台移転を決めた岩手県大船渡市赤崎地区の小中学校でも、完成は2015年度末になる。

　被災地以外でも、南海トラフ巨大地震で津波浸水が推定される地域で、高台移転の議論はされている。

　三重県尾鷲市の輪内中学校は海抜2.9mで、県の想定では最大10m浸水する恐れがある。高台移転が検討されたが、用地が見つからず、結局、3mかさ上げして新校舎を建設している。

　大分県臼杵市では、沿岸部の小学校の高台移転を市が計画したが、保護者や地域住民が「学校が地域からなくなれば町が衰退する」などと反発し、市が撤回した。　　　　　　　　　　　　　　（那須政治）

3　教育委員会の小中学校「再編の基本方針」

　平成25年4月の改革のスタートに当たって、田原市教育委員会は小中学校「再編の基本方針」という指針を正式に決定した。

(1)　この「再編の基本方針」(いわゆる第1次方針)は、伊良湖岬エリアの4校の再編統合を主眼とするものであって、以下の3つの柱をもった。

　　　　　　　　　　再編の基本方針　　　　田原市教育委員会

【基本方針の3つの柱】

▼児童生徒の生命・安全を守るため、津波被害に対処する小中学校の防災対策を推進します。

▼適正規模・適正配置については、「小学校は6学級〜18学級を基本とし、学校全体の児童数120人以上(1学級平均20人以上)、中学校は6学級〜18学級を基本とし、学校全体の生徒数120人以上(1学級平均20人以上)を適正規模とし、包含する小学校を少なくとも2校以上とする」ことを基本とします。

▼小中学校の配置については、地域からの意見を十分に尊重し、進めま

す。

　　3本を「基本方針の柱」にした理由として、教育委員会は以下のように説明する。

　　柱の1つは防災対策である。住民が一番懸念する津波被害への対応である。東日本大震災を受け、前年の平成24年に発表された「南海トラフ巨大地震」による震度・津波高予測で、田原市は震度7による地震動と最大22mの津波の襲来が予測された。そこから、特に被害想定の高い堀切小及びその周辺地域を統合の対象地域とした。

　　柱の2つ目は適正規模・適正配置である。田原市の児童生徒数の減少は歯止めがかからない状況にあること、全校児童生徒数120人未満の学校を小規模校と位置づけ適正化の対象としたこと、特に伊良湖小は平成27年度の3、4年生から複式学級になる見込みとなっていることを示した。

　　柱の3つ目は地元意見の尊重についてである。特に「学校が消えること」に反発する地元との合意を、じっくり行っていくことの大切さを強調した。

(2)　「緊急地域」と指定された堀切小、伊良湖小、和地小の3小学校の統合時期は、2年後の平成27年4月とされた。その他の学校については、市内の全27小中学校を「緊急地域」、「先行地域」、「検討地域」の3地域にグループ分けし、その上で「緊急地域」→「先行地域」→「検討地域」と順繰りに統廃合していくという手順としたのである。このグループ分けは、少子化の逼迫度と各地域の学校統合への温度差を勘案したものだ。その際の手順を教育委員会は、以下のように示している。

基本方針での再編の手順

田原市教育委員会

①　再編に当たっては、地域の意向や地域性を勘案し、

【緊急地域】（堀切小、伊良湖小、和地小、伊良湖岬中）

【先行地域】（野田中、六連小）

17

【検討地域】（大草小、田原南部小、高松小、若戸小、亀山小、清田
　　　　　　小、泉中）

に３区分し、段階的に進めることとする。

　ちなみに【緊急地域】とは、地震津波の被害想定の高い堀切小・複
式学級回避のための伊良湖小とその周辺の和地小及び伊良湖岬中で再
編を早急に取組む校区である。【先行地域】とは、学校を考える会の
開催など、学校再編協議の動きが進んでいる校区をいい、【検討地域】
とは、児童生徒数120人未満で上記以外の校区を指す。

②　また、小中学校の再編により遠距離通学（小学校でおおむね４
㎞、中学校でおおむね６㎞を超える場合）となる児童生徒の通学手段
を確保するため、路線バス等の通学費への支援、スクールバスの運行
等による通学支援を行う。

（注）　各校区の配置については、31頁の〈学校再編の全体配置計画〉参照。

４　伊良湖、堀切、和地の３校区でのやりとり

　この「再編の基本方針」を持って、田原市教育委員会は地元へ説明に
入っていく。特に廃校対象の３小学校には強い反発があるのではないか。
そう予想していた教育委員会であった。が、地元の反応は違った。思いの
ほか３小学校の統合への反発は少なかった。津波への不安払拭の思いの方
が大きかったのである。しかし予期せぬ反発が他に２つ出された。

　１つは新設小学校の移転先だ。教育委員会のいう伊良湖岬中の跡地では
不安だ。もっと高台に位置する渥美運動公園（伊良湖岬中の北西約１㎞）
の界隈に移転せよとの声である。

　もう１つの反発は伊良湖岬中学校の移転先についてである。教育委員会
の提案する三河湾側の福江中学校ではだめだ、同じ太平洋岸沿いに隣接す
る赤羽根中学校にせよという声であった。福江中学の海抜は低い、赤羽根
中学なら高くて安心だというのがその主な理由であった（**図表１－４**）。

1章　学校の統廃合とそのノウハウ

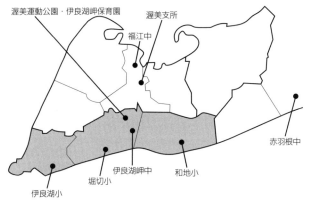

図表1－4　伊良湖岬地域の3校区（緊急地域）

(1) 緊急地域（和地小、堀切小、伊良湖小、伊良湖岬中）での反応

　　各校区でもたれた説明会では様々な意見が出た。以下がその時の説明会での主なやりとりである。教育委員会が配布した地元への「連絡便り」に掲載されたもので、反対も賛成も区別なく掲載されている。緊急地域の和地・堀切・伊良湖の伊良湖岬エリア3校区を軸に、平成25年5月から3か月の間に40回近く、延べ490人の住民と意見交換した記録である。

　　大半の意見は学校統合に賛同している。しかし参加者の発言は多岐にわたり、行政への質問もびっしりと続いた。糾弾型の質問も少なくなかった。

　　まず、岬3校区と言われる、伊良湖岬エリアの3小学校（伊良湖、堀切、和地小）での意見を掲げてみる。

> ○伊良湖小学校の説明会での主な意見
> 　（注）伊良湖校区は世帯数255、人口854人、児童数41人の地域、人口数字は平成27年度現在。
> ・地域が寂れていくことを考え統合の話をしているのか。賛成しかねる。
> ・保護者としては将来のことを考えると学校は統合しかない。統合を進めてほしい。

19

- 伊良湖小が置いてきぼりでは困る。堀切小と一緒に和地小に行くとの案がいい。
- 伊良湖小をそのままにしてむしろ堀切小など他校から来てもらいたい。
- 暫定的に堀切小の西部の人を近い伊良湖小にという選択肢はないのか。
- 和地小は裏山が危険箇所に指定されているので不安、行かせたくない。
- 伊良湖岬中の統合先として赤羽根へという意見があって良い。しかし遠い。
- 渥美支所周辺（福江）に渥美地域の3中学校（注：伊良湖岬中、福江中、泉中）を統合し新設すべき。赤羽根中よりも近くなる。

○堀切小学校の説明会での主な意見

(注) 堀切校区は世帯数572、人口2,050人、児童数95人、人口数字は平成27年度現在。

- 統合の予定を1年早め平成26年4月に小学校の統合はできないか。
- 今の案でも全体で5年かかる。津波を考えればもっと急げないのか。
- 伊良湖小より和地小の方が標高は高い。バスがあるなら和地小へ行く方が良い。
- 新設小学校の移転先は渥美運動公園周辺の高台を希望する。
- 福江中は安全という気がしない。岬中が福江中へ行くのには疑問だ。
- 地元の校区の意見は何よりも重要だ。教育委員会は勝手に進めるな。
- 中学や高校に入った時、知らない人が来たのは楽しみだった。統合賛成だ。

1章　学校の統廃合とそのノウハウ

○和地小学校の説明会での主な意見

(注) 和地校区は世帯数347、人口1,310人、児童数61人、人口数字は平成27年度現在。

・岬3小学校の統合は大賛成である。早くしてほしい。

・親として統合は賛成。統合は悪いことではない。

・和地・伊良湖・堀切の3地域はお互いに協力して進めることが重要だ。

・子供たちは保育園（注：伊良湖岬保育園）の時は一緒。なのに小学校で離れてしまっている。かわいそうなので小学校の統合は賛成。

・子供の人数が少ないので統合は致し方ない。

・集落の中心でなくても、学校は標高が高く安全な所にしてほしい。

・統合に多くは賛成だが、全体としては通学距離が遠くなり不便そうだ。

　他方で教育委員会は、これから小学校に入学する子供たちを持つ保護者たちに意見を聞くため、伊良湖岬保育園でも話合いを持った。各校区での賛否を含めて錯そうしたやりとりとは違い、若い保護者たちの反応は明確に一つであった。この保育園の園児はちょうど100名。園児はほとんど伊良湖、堀切、和地の3校区から通ってきていた。ちなみにこの園では一緒に過ごすものの、小学校に入れば各々の3校区の小学校に分散して通学することとなっていた。

○伊良湖岬保育園の保護者の意見（平成25年5月懇談会アンケート）

・伊良湖、堀切、和地の3小学校の統合に関しては、ほぼ全員の保護者が賛成した。

・小学校の統合先については、新校舎が出来るまでは和地小でよいとの意見がほとんどであった。

・その際に和地小に吸収合併でいいという意見と、和地小を新しい小学校の仮校舎として、そこで新しい小学校をスタートさせるという意見が半々ほどであった。

・中学校（岬中）については、福江中との統合より赤羽根中との統合を

21

希望する意見が多数であった。

　次いで伊良湖岬中学校の保護者たちとの話合いも開く。そこでは以下のような意見が出された。移転先を福江中学にするとの方針には反対、という保護者が多かった。

○**伊良湖岬中の保護者の主な意見**（平成25年6月懇談会）
・3つの小学校の統合は賛成だが、伊良湖岬中の統合は反対である。
・福江中は標高が低く山もないため逃げるところが無い。標高の高い伊良湖岬中から低い福江中学校へは通わせられない。
・中学校は渥美運動公園周辺などの安全な場所を含めて検討すべき。もう少しゆっくりと考えたい。
・伊良湖岬中学校の統合先は福江中ではなく、赤羽根中と統合したほうが生徒数のバランスもよいと思う。教育委員会の案には反対だ。
・堀切小の津波での危険回避、伊良湖小の複式学級の回避を考えると、小学校は早急に統合すべきである。

⑵　**緊急地域の3小学校区からの要望書**

　話合い（説明会）は数か月にわたり、昼夜を分かたず開催された。会場はそれぞれの学校の体育館が多い。20〜50人の住民の参加が一般的だ。開催の時間は、母親たちの参加が多かっただけに夕食を終えた夜の7時から始まり、9時過ぎまで続くのが普通であった。説明側に校区会長と教育委員会の幹部が並ぶ。しかし話合いは常に穏やかというものではない。時に激しい罵倒が教育委員会や校区長に投げられた。クーラーのない体育館や教室での蒸し暑い環境が、さらに話合いを息苦しくしていた。

1章　学校の統廃合とそのノウハウ

説明会風景　「車座」方式は評判がよい。

　ちなみにこの話合いの地元の窓口になったのが各「校区」であり「校区会長」である。田原市の場合、平成の合併の後、この地域コミュニティの仕組みが全市的に発足した。人口6万人余の田原市に小学校数20に呼応して20の校区が存在する。それぞれの校区では、市民館を持ち、そこに校区会長と1人の主事（職員）が常駐。田原市の地域コミュニティ団体は、大きく「自治会」「校区」「校区コミュニティ協議会」に分類でき、特に、「自治会（区、町内会など）」は、地域の生活の中で最も身近な住民組織となっている。しかし地域全体の合意形成には、自治会の連合組織である「校区」が主体となる。

　和地小、堀切小及び伊良湖小での説明会についても、この「校区」と教育委員会が共催するような形で進められた。

　そして頻繁な話合いの結果、教育委員会の提案を基本的には受容しようという気運が高まってくる。その一番の起因となったのは、保護者の意見、分けても母親たちの意見であった。校舎の存続を望む地元育ちの年配者たちと違い、子供の教育環境の整備を求める若い園児の親たちの声が明確になってきたのである。「友達が多くいる学校で学ばせたい」、「子供の安全のため、津波の心配のない学校に通わせたい」というものである。

　最初は強く難色を示していた各校区の長老や一家言ある人たちも、この若い親たちの意見の前に、反対の空気を和らげていく。「いやあ、要するに今の時代、舅や姑より嫁の方が強くなったということですよ。田舎にやっと嫁いできてくれた嫁なんです。」そういう声も地元ではあった。

果たして教育委員会が「学校再編の基本方針」を決めてから６か月、平成25年10月に伊良湖岬エリアの３校区会長の連名で「小学校再編の要望書」が市長及び教育長へ提出されたのである。

３校区会長からの主な要望項目

・平成27年４月に岬（伊良湖岬エリア）の３小学校を統合すること。
・統合の形式は新設とし、一時的に和地小学校の施設を使用すること。
・新小学校は、防災面などを考慮し渥美運動公園周辺に建設すること。

　この要望書に対し教育委員会は、基本線としての３小学校の統合が受容されたこと、和地小を暫定的に使用することが容認されたことに安堵。しかも文書で３校区会長の連名で提出されたことに納得する。しかし新小学校の建設先については、伊良湖岬中学校跡ではなく、さらに高台の渥美運動公園周辺へという要望となっていた。この要望に教育委員会は困惑する。

⑶　教育委員会の受け止めと統合準備委員会の発足

　何はともあれ、改革の一歩は進んだとした教育委員会。この地元要望を踏まえて平成25年11月に、教育委員会で「和地小学校・堀切小学校・伊良湖小学校再編整備方針」を定める。そして翌12月には、新しい学校の開校に向けて準備をするため、「和地小学校・堀切小学校・伊良湖小学校統合準備委員会」（以下「統合準備委員会」という）が発足するのである。

　構成メンバーは岬３校区の校区会長、各自治会長、３小学校PTA代表、保育園代表、３小学校長等の総勢26人である。そこでは学校名、教育課程、学校行事、通学体制、PTA組織、学校施設などの学校統合に向けて必要な課題が協議されることになる。

　委員長には堀切校区の校区会長が就任した。そしてこの「話合いの場」の登場が、その後の地域意見の集約を予想以上のテンポで進ませていくことになる。

　①　統合準備委員会はその後の約１年で合計13回開催された。特に問題

1章 学校の統廃合とそのノウハウ

となったのは2つである。

　まず1つは新小学校の名称だ。しかしこれについては当該伊良湖3校区が明治の初期から昭和の合併まで伊良湖岬村と名乗っていたこと、子供たちが伊良湖岬保育園という名称で一時期を一緒に経てきていることもあって、比較的短時間で合意、決定された。

旧和地小学校　現在は伊良湖岬小学校として活用されている。

　もう1つが難題であった。前述した新設の小学校の建設地先であった。より高台を望む地元の声は強かったからである。しかし教育委員会も必死であった。一番心配したのが用地の買収だ。渥美運動公園周辺で用地交渉をするとなると地権者は22人。他方で伊良湖岬中学校周辺なら2人。用地交渉の大変さを知る教育委員会は、22人という地権者数の多さに頭を抱えた。既に相続が始まっている地権者もいるだろうし、遠隔地に在住する地権者もいる。とてもスケジュールどおりに「全員から用地取得のハンをもらうこと」など不可能と判断したのである。用地交渉が難航すれば3校の統合も再編計画全体も頓挫しかねない。そう懸念した教育委員会は組織を挙げて関係者へ相談に入っていった。

　そして半年後の翌年度の7月になって統合準備委員会は、新小学校の移転先（建設地）が渥美運動公園でなく、伊良湖岬中学校跡地でよいとの決定に至るのである。

② 他方で懸案の伊良湖岬中学校移転先の議論はどうなったか。

　伊良湖岬中の福江中への統合再編については、その後も大いに意見が分かれる。そして中学校移転は旧渥美町の地域全体の将来にわたる問題であるとして、岬3校区でなく、旧渥美地域全体の8校区（泉、清田、福江、中山、亀山、伊良湖、堀切、和地）会長で話し合われることに

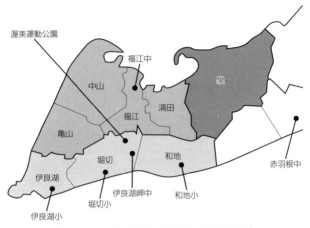

図表1－5　渥美地域の8校区（旧渥美町）

なった。平成25年7月のことである（図表1－5）。

　しかししばらくして、中学校の移転先もやはり当の岬3校区の意見が優先されるべきとの声が出され、1年後の平成26年6月に8校区会長名で、「岬中学校の移転時期及び移転先については、岬3校区の意見を尊重し判断されたい」と意見書が提出されたのだ。すなわち岬中学校の移転先については、何よりも地元岬3校区（伊良湖、堀切、和地）の意思＝統合準備委員会の意見を尊重しようとの、8校区全体の判断となったのである。議論が混迷したのは、学校統廃合の関係校区とはどこまでのエリアか、言い換えれば移転先を決定する責任は誰が負うかという、自治の意思決定の困難さに絡んでいたのである。ちなみにこれは、原発の関係自治体とはどの範囲をいうのか、という問題と共通するものだ。

　そんな経緯のなか、翌月の平成26年7月に、教育委員会としては以下の「今後の考え方」なる再編方針を示す。すなわち伊良湖岬中の移転先については、当初案の福江中への統合を第1案としつつも、赤羽根中への移転との選択肢も残し、しばらく議論を続けてもらうことを提案したのである。結論を性急に決めることを避け、1年有余の話合い期間を設けたのである。地域（校区）と行政（教育委員会）による、ひとつの工夫であった。岬3校区の統合準備委員会は、この教育委員会提案の「今

1章　学校の統廃合とそのノウハウ

後の考え方」を了承する。

伊良湖岬中の移転先の今後の考え方　　平成26年7月

・新設の伊良湖岬小学校は、伊良湖岬中学校跡地に新校舎を建設し、平成32年度に和地から移転する。

・伊良湖岬中学校は平成30年4月に他校へ統合する。

・統合先は平成27年度末までに決定する（統合先案としては①福江中へ、②赤羽根中へ、③福江中又は赤羽根中へとの3案を提示）。

その収束の顛末を地元紙は以下のような記事で紹介した。

参考　　　　　　　　　　　　平成26年7月25日　東愛知新聞

最終移転先は伊良湖岬中跡
—伊良湖岬小統合準委は田原市教委の提案を了承

　来年度新設する田原市伊良湖岬小学校の統合準備委員会は24日、2020（平成32）年度の最終移転先について、同市小塩津の伊良湖岬中学校跡とする市教育委員会の提案を了承したと発表した。同中学校の隣接校への統合案は、地元の意見を踏まえ来年度末までにまとめる。

　伊良湖岬小学校は津波対策と少子化対策の一環で和地、堀切、伊良湖の3小学校を統合し15年4月に開校する。

　当初5年間は和地小学校の校舎を使い、その後、少子化に伴い他校に統合される伊良湖岬中学校跡へ校舎を新設して20年度に移転を完了する。

　準備委は同中学跡地を最終移転先に選んだ理由として、校舎などの建設や配置、用地買収が容易な点などを挙げた。新設小学校の移転に伴い、敷地の北側後背地を新たに取得して海抜21m（現在17m）まで上げる。

　一方、跡地を譲る伊良湖岬中学は、18年度に福江か赤羽根のいずれ

かに統合。市教委が示した①福江、②赤羽根、③両校へ分断─の3案から遅くとも15年度末に結論を出す。

準備委の高瀬勲委員長は「懸案だった最終的な移転先が決まってほっとした。津波災害が心配される堀切は、高台移転で安心して学べるようになる」と胸をなでおろした。

(注) なお平成27年の春、統一地方選挙で田原市は市長、教育長が前後して交代する。その後田原市は「(中学校の)統合先を平成27年度末に結論を出す」とのそれまでの方針でなく、「改めて住民の意見を聞く」という姿勢に変わり、現在に至っている(平成28年8月現在)。

⑷ 統合準備委員会というスグレモノ

① さて最後に統廃合の推進役となった「学校統合準備委員会」の効用について、改めて触れておきたい。当初は紛糾していた統廃合問題である。しかしこの統合準備委員会がスタートして以降、重い課題も議論が拡散することなく決まっていったのだ。統合準備委員会は特筆してよい有用な仕組みと言えようか。これから学校統廃合の作業に着手しようとする読者は大いに参考とされるとよいだろう。

田原市の場合、統合準備委員会の発足まで1年余りかかっている。当初は教育委員会が地域への議論の掘り起こしを行っていたからだ。しかし一旦こうした統合準備委員会がレールに乗ると、物事はスムーズに決まっていく。伊良湖岬エリアの場合、その準備委員会での協議で整理されていった課題は以下のとおりであり、ほとんどの課題を俎上に載せ、決着をつけているのだ。

統合準備委員会での協議内容と結論

・新校名は「伊良湖岬小学校」とする。
・新設小学校の建設候補地を伊良湖岬中学校跡地等とする。
・スクールバスを運行して遠距離の通学支援をする。
・3小学校でそれぞれ2月に閉校記念式典を開催する。

> ・事前交流事業として校外学習等を３小学校合同で行う。
> ・新校のPTA組織や規約を策定する。
> ・新校開校に向けて教育課程を整理する。
> ・新校の学校行事・PTA行事を策定する。
> ・学校備品等について移設又は廃棄等の整理をする。

　古くから我が国の集落での意思決定について民俗学者の宮本常一（明治40年〜昭和56年）はこう言う。村で取決めを行う場合には、みんなの納得するまで何日でも話し合う。そして、何日でも話し合うといっても三日でたいていのむずかしい話もかたがついたという。「気の長い話だが、とにかく無理はしなかった。みんなが納得のいくまではなしあった。だから結論が出ると、それはキチンと守らねばならなかった」（宮本常一『忘れられた日本人』岩波新書）というものだ。

　伊良湖岬３校区での統合準備委員会の経緯を振り返ると、この民俗学者の慧眼を知らされるというものである。「寄合い」を重視する我が国の地域社会の構造は、あまり大きく変化していないのである。地域合意については、話合いの手順と場づくりが最も大切と知るべきである。

②　ちなみに統合準備委員会のメンバーで言えば、会長には地元の校区会長の一人が選任されている。他の校区会長も委員となる。事務局は教育委員会だ。地域では住民の意見がしばしば対立するだけに会長にはリーダーシップと柔軟さが求められる。校区会長らの多くは日常的には農業などの本職を持つ。時間的な制約や地元の縛りもあれこれとある。校区会長というポストは大変である。特に地域を巻き込んでの学校統廃合のような大事件があると昼夜を分かたずに奔走することとなる。とてつもなく心労が重なるというものだ。

　しかし世の中よくしたものである。伊良湖岬エリアで登場する統合準備委員会の高瀬勲（堀切校区会長）。役場を退職したあと２年前から校区会長となった。日焼けした精悍な表情とは別におっとりとした物腰と口ぶりが特徴である。地元説明会では一部の参加者から激しく罵倒もさ

れる。若い地元の自治会のメンバーからは時に突き上げられる。だがキレることなどなく、いつのまにか全体の意見を集約していったのである。いや堀切校区に限らない。和地校区の小久保昌彦校区会長も海まで響くといわれるほどの大声の持ち主で、隠し事のできない磊落な人物だ。その明るさが他のメンバーや地元の人たちに受容されていく。伊良湖校区の小久保謙一校区会長は学校長経験者。教員であっただけに集落での根回しにぎこちなさを持ちながらも、その人柄の温厚さと丁寧さで好感をもたれる。

　こうした岬3校区会長の面々が、互いにチエと汗を出しながら、学校再編の作業を進めたのである。校区長の報酬は地域によってバラバラであるが、少ないところではわずか月額2万円。今の世、世話役と言う役回りは、殊の外大変なものなのである。

　学校統廃合に際しての地域合意というものは、こうした地域の人々の地道なガンバリによって収斂されていくのだ。それだけに行政は、地元のメンバーたちとの丁寧な意思疎通を図ることが、何よりも肝要だと承知すべきだろう。

1章　学校の統廃合とそのノウハウ

参考① 学校再編の全体配置計画

　田原市は「再編の基本方針」（第1次方針）による、「緊急地域」での再編の目途が立ったことで、その後、第2次方針として「学校全体配置計画」を策定。以下にその要旨を掲げる。

　田原市教育委員会では2013（平成25）年4月に小中学校の「再編の基本方針」（第1次方針）を発表し、緊急地域での話合いを重ねてきた。そこでの市民の様々な意見を踏まえ、一定の決着を見た。そして田原市教育委員会は2014年12月に「学校全体配置計画」（第2次方針）を提示する。
　今後は第1次の再編方針と同じく、この「学校全体配置計画」を基にして市民との意見交換を重ね、協働して新しい田原の教育環境の整備を進めていく。全体配置計画の期間は、2015年度から2024年度までの10年間とし、前半5年を第1期、後半5年を第2期として計画的に学校再編を進めていく。この計画により小学校20校は11校、中学校7校は4校に再編されることになる。

区分	第1期（H27～H31）	第2期（H32～H36）
対象小学校	和地小、堀切小、伊良湖小、六連小	大草小、田原南部小、高松小、若戸小、亀山小、清田小
対象中学校	伊良湖岬中、野田中、泉中	

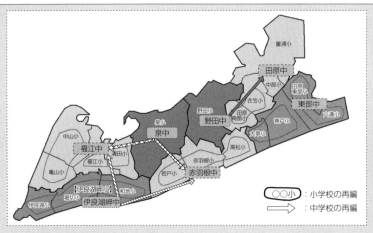

31

参考② 小中学校再編の歩み

　ここでは田原市の学校再編の経緯を一覧で掲げておく。複雑な事情を理解する一助としてほしい。

年月日	内容
平成18年10月25日	教育委員会から田原市教育問題研究会へ「小学校の適正規模・適正配置の基本的な考え方について」を諮問
平成19年11月28日	田原市教育問題研究会から教育委員会へ「小学校の規模適正化について」の答申
平成25年3月18日	野田校区で「学校問題検討委員会」が発足
平成25年4月26日	教育委員会で「防災・少子化に伴う小中学校の再編基本方針」（第1次方針）を決定
平成25年5月〜11月	各地域で説明会、意見交換会などを約40回開催
平成25年7月11日	渥美地域8校区会長の連名で「岬中学校の再編について渥美地域の校区で協議の場を設けたい」旨の要望書提出
平成25年10月21日	「田原市学校再編整備に伴う庁内検討委員会」第1回委員会を開催
平成25年10月28日	和地、堀切、伊良湖3校区会長の連名で「小学校再編の要望書」を市長、教育長に提出
平成25年11月18日	教育委員会で「和地小学校、堀切小学校、伊良湖小学校再編方針」を決定
平成25年12月28日	岬3校区で「和地小学校・堀切小学校・伊良湖小学校統合準備委員会」を設置 （平成26年11月までに11回の会議が開催）
平成26年1月24日	野田校区から「野田中学校と田原中学校との統合について」の報告書を市長、教育長に提出
平成26年2月18日	教育委員会で「野田中学校再編整備方針」を決定
平成26年5月30日	「野田中学校統合準備委員会」が発足 （平成26年11月までに5回の会議が開催）
平成26年6月10日	渥美地域校区総代会会長名で「中学校再編に係る渥美8校区での協議の状況報告について」の報告書提出
平成26年6月19日	渥美8校区の検討状況を受け、教育委員会で「岬小建設地等の今後の考え方」を提示
平成26年7月23日	和地小・堀切小・伊良湖小統合準備委員会で「岬小建設地等の今後の考え方」について協議し了承
平成26年7月24日	教育委員会で「岬小建設地等の今後の考え方」を報告し承認
平成26年7月24日	「伊良湖岬小学校の建設候補地の地元合意了承等について」報道発表
平成26年12月12日	教育委員会「学校全体配置計画」（第2次方針）を決定

32

1章　学校の統廃合とそのノウハウ

4 当事者から聞いたこと、知ったこと
――田原市教育長へのヒアリング

　ここの節では、学校統廃合を進める上での具体的課題のノウハウを示していきたいと思う。そのために、これまで見てきた田原市の学校統廃合計画をケーススタディとして、教育委員会の考え方を、その責任者として取り組んだ当時の教育長（嶋津隆文）へのヒアリングの形式で記すこととした（インタビューは久保田経三FJK理事が行った）。

　特にここでは、行政が一般的に口にするような「タテマエ」でなく、賛否の意見が交錯する中での「ホンネ」のやりとりを採録している。生（なま）の言葉と体験は、今後の学校統廃合に着手する全国の多くの関係者への、少なからず有用なコメントとなることを期待したい。

　ちなみにこのインタビューの整理をしつつ、感じ取ったことがある。それは個別の学校統廃合の困難さとは別に、住民とのやりとりの中で見えてきた戦後日本の、地域社会での合意形成上の課題の大きさである。多分それは次の３点に起因するものといえるだろう。

- いわゆる「戦後民主主義」がもたらした「権利至上主義」の風潮が社会に根強くあること
- 世代間で、生活上の価値観や我が子への教育観についての乖離の幅が、極めて大きくなっていること
- 地域合意を形成する仕組みが、形式的には繕われつつも実態的に熟していないこと

　これらが学校再編に当たって地域の中で混迷を生み、あるいは行政と住民の間で不信を助長している背景と思われる。確かに戦術的な学校統廃合のノウハウはノウハウとして取得することが肝要である。しかしその一方で、戦後社会が肥大化させている価値観の漂流、とりわけ少子高齢化社会のなかでなお蔓延する私権の強調等は、今後地域の中でしっかりバランスをとることが試みられてよいのではないか。

　もっとも「戦後民主主義」と歩調を合わせて自己主張の強かった団塊世

33

代は、後期高齢者層に入ろうとしている。他方で若い世代は、家族を持ち、地域社会の中堅となって「公」意識を広く持ち始めようとしている。社会を形成する地元マインドが改めて醸成されようとしているのだ。そこに地域活性化への新たなルールづくりの兆しを期待したいものである。

> **Q1** 田原市の教育委員会は、10年ほど前に既に学校再編計画を作成している。しかし10年近くもその実行がなされずにきたという。なぜか。

　確かに田原市教育委員会は平成18年に学校再編報告書を出しています。しかしなかなか本格的な取組みができないでいました。それには幾つかの理由があったように思います。

　1つ目は学校改革の持つ困難さです。特に地域からの反発です。教育委員会もこの10年間、全く手をこまねいていたわけではありません。複式学級になると心配される地域には打診をしてきました。しかし、「俺たちの地域から俺たちが通った学校がなくなる」。そういう反発は小さくありませんでした。「俺が自治会長の間は絶対にこの地域に入るな」と教育委員会の担当職員は強く言われてきたと聞きます。明治初めの教育重視の国策から始まって、学校は地域の発展の軸として存在してきました。過疎化の進んだ現在でも、学校は地域の結集軸であることには変わりはないのです。それに実際に手を付けることは大仕事になるわけで、行政としてなかなか着手の腹が決まらなかったのでしょう。

　2つ目の理由は、この田原市に存在する学校統廃合の紛糾の歴史です。旧田原町時代になりますが、この地域には戦後3回の大きな事件がありました。昭和30年代には学校統合に伴う通学区変更を巡り、一部住民が自主教室（寺子屋教室）を作って反対運動を展開しました。40年代には子供の数の増加に伴う学校統廃合が進められたものの紛糾し、教育委員が全員辞職する一方、住民による教育長らへの暴行傷害事件が起きているのです。さらに50年代には西部中学校という学校新設の問題が起き、騒動となります。対象の野田地区に反対の火の手が挙がり、ついには反対住民100人余

1章　学校の統廃合とそのノウハウ

りが議場に乱入する。新設計画は頓挫してしまうのです。こうした過去の歴史から田原市では、学校統廃合へ着手することに逡巡するものがあったと言えます。

3つ目の理由は教員の人事や人生への慮りです。全27の学校を15校にするわけですから12人の校長・教頭ポストがなくなります。学校に身をささげてきた教員にとって、このポスト減による出世の道がなくなることは苦痛です。今の時代、管理職になって苦労などしたくないという教員は少なくありません。しかしアガリは校長で退職したいという教員は多いのです。我が国の多くの自治体の教育長は教員経験者です。顔を知る後輩たちの処遇を厳しくすることは、情において忍びがたいものがあったと思われます。

> **Q2** 平成25年４月に教育長に就くや、すぐさま教育委員会で学校再編の「基本方針」を決定し、統廃合に打って出ている。なぜそんなに急いだのか？

教育長に私が就任したのは平成25年４月です。登庁初日にこんな報告を受けました。「伊良湖小学校のこの日の入学式で壇上に登った新１年生は４人。男の子３人、女の子１人の４人で全校児童数でも40人弱。この学校では近々に３年と４年との複式学級化も視野に入っています」と。

わずか４人で６年間を過ごすということに愕然としました。それでは社会性は身に付かない。現代社会は好むと好まざるとにかかわらず競争の時代です。この学校の状態を少しでも早く取り除かねばならない。そう決めて４月の末に教育委員会に諮り、学校再編方針を決定したのです。

渥美半島は私の故郷です。50年前に地元の高校を出て上京。そして２年前に田原市の教育長としてＵターンしました。東京都庁やニューヨーク市役所など国の内外の自治体に身を置くなかで社会性を持つこと、競争意識を持つことの不可欠さを随所で思い知らされました。そんな経験が私に教育環境の改革への逼迫感を持たせたように思います。

もう一つ急がれた理由がありました。３年前に起こった3.11東日本大震

35

災です。あの津波が次々と建物を飲み込んでいくニュース映像に多くの人たちは身を縮めました。この渥美半島の太平洋岸は南海トラフによる地震が想定され、大きな津波の来ることが想定されていたのです。「堀切小などは海抜が低く危い」。「我が子の通う小学校を一日も早く高台に移転させてほしい」。保護者をはじめ、地元の多くの人たちの学校移転の思いは強烈でした。この地元の要望に一時も早く応える必要がある。いいえ、もっと言えば、この機こそ改革の時期ではないか。そう判断したのです。

"未来とは今である"（Future is now.）。

米国の文化人類学者のマーガレット・ミード女史（1901年〜1978年）の箴言です。私が申し上げるといささか気障ですが、駐在していたニューヨーク市役所でよく耳にした言葉です。未来をつくるのは今いる子供たちだ。未来のためにも今いる子供たちを大事にしなくてはいけない。教育環境を良くしなければいけない。それは大人の義務ではないか。この言葉を学校改革の信条にしました。地元の説明会でこの言葉をよく使いましたが、多くの人たちが頷いてくれたように思います。

> **Q3** 学校再編計画は第１次（再編の基本方針）と第２次（学校全体配置計画）とに分かれている。バラバラではなく、再編の全体配置計画をはじめから公表すべきではなかったのか？

私は40年近く行政に携わってきました。東京都庁、中野区役所、経済企画庁の外郭団体（総合研究開発機構＝NIRA）、ニューヨーク市役所などです。しかもその大半は計画担当の部署に身を置きました。その経験から、今次の田原市学校再編計画については段階的に実行しようと判断しました。

言うまでもなく行政は情報公開、情報提供が命です。住民になるべく早く全体像や手順を示していくことが肝要です。かつての計画というものは、まず基本構想（大計画）があり、次いで基本計画（中計画）があり、そして実施計画（小計画）があるという構造でした。しかし世間のテンポは早まり、解決を求める住民のニーズはどんどん強くなってきています。

1章　学校の統廃合とそのノウハウ

課題によっては、時間をかけて大きな艦隊（全体計画）を整え出発するという時間的な余裕はないのです。「近代戦は戦艦ではない、ミサイルだ」と考えました。

伊良湖岬エリアの「緊急地域」３小学校は、少子化の点からも津波対策の点からも文字どおり緊急でした。一気呵成にやらねばコトは進まない。また一方で、この緊急地域での実績ができれば田原市全体の再編計画の目途がつく。私たちが学生の頃の大学紛争で、一点突破・全面展開といった言葉のあったことを思い出しましたね。私は「緊急地域」の４校（３小学校、１中学校）の個別再編計画と、田原市27校の全体再編計画との２つ策定することとし、２段階論として展開していくことに決めました。

全体計画を後回しにしたのには、もう一つ理由があります。前にも話したように（Ｑ１参照）、田原市には戦後に学校改革で３回の大きな事件があり、教育委員が全員辞職したり、裁判沙汰になったり、100人程の住民が議会になだれ込んだりしました。こうした風土の中で、全市の20の校区にはいつムシロ旗が立つかも分からない。小さい自治体の教育委員会です。対応する職員も多くはありません。20の校区が一斉に説明を求めては対応不能で行き詰まる。そうなれば行政は混乱し、学校改革は一挙に崩れてしまう。そう懸念したのです。

兵站への配慮は戦争には不可欠のはずです。そのこともあって私は２段階計画論を採用しました。

Q4 地元の人への説明と地元合意は一番大切である。しかし地域には様々な考えの人がいる。世代も違えば生活観も違う。地元合意というものをどう得ていったのか。

田原市で発表した学校の「再編の基本方針」の３つの柱の一つとして、「小中学校の配置については、地域からの意見を十分に尊重し、進めます」と掲げました。これはタテマエではありません。キレイごとでもありません。地元合意がなければ絶対にコトは進まないのです。東京でもかつて「ゴミ戦争」と言われた、1970年代の高度成長の時代に住民の反対で清掃

37

車がストップしました。生活道路一つ通すにも、住民説明のために多大な時間とエネルギーを注がねばなりません。今の世では当たり前の作業なのです。

それ以上に私たちが信条としたのは地元（渥美半島）出身の山本雄二郎（昭和5年〜平成22年）という人の生き様です。産経新聞の記者から高千穂大学教授を経て、数年前に亡くなりました。山本先生は、こじれきった流血の成田空港問題を20年かけて収束した人物です。反対派と国との話合いの場として設けられた成田共生委員会の委員長で、最後に息を引き取る病室の入口にもSP（警護）がついていました。過激派に襲われることを警戒していたのです。

「戦後日本にもし内乱というものがあったとすればそれは成田闘争だ」。

成田空港問題　話合い軽視で事態収束まで約40年がかかった。

生前にこう口にしていた成田空港問題。そもそも地元を無視して、国の意向とスケジュールを押し付けたのは政府、運輸省なんです。この最初の姿勢が、多くの流血をもたらし、開港を遅らせ、日本の航空業界の国際競争力を落としたと憤慨していました。それでも誰かが事態をまとめなくてはならない。その火中の栗を拾い続けたのが山本先生なのです。

山本雄二郎先生が常に強調していたのが地元合意の大切さです。「畳でサシツササレツお酒を酌み交わすから気持ちは通じ合うんだ。レストランじゃあない」。

生（なま）の言葉で直（じか）に話し合う。

住民との合意づくりの大切さをこう言い続けて逝ったのです。亡くなった後に朝日新聞は彼の追悼文を大きく掲載し、こう記しました。

1章　学校の統廃合とそのノウハウ

「(山本は)足しげく成田に通い、反対派の勉強会にも参加した。当初は「国のスパイだ」と顔を引きつらせていた反対派も、国を厳しく批判する姿勢に「あんた、おれたちより過激じゃあないか」と言うほどになった」(平成22年3月20日　朝日新聞)。

私はこの郷土の先人に学びたいと考えました。地元への説明と地元合意。それを「生の言葉で直に話し合う」というスタンスを常に職員と確認し合って、地元に入ったつもりです。それでも幾つかの齟齬は生じ、住民サイドからの不満があったことは否めません。

Q5 統廃合に当たって大切だけれど困難だといわれる課題に地元説明会の運営がある。これにどう対応したのか？

誤解を恐れずに言えば、改革の案を作ったり計画を練ったりすることは比較的容易なことです。やはり一番大切で困難なのは地元の人たちへの説明です。合意形成です。

平成25年の4月末に「再編の基本方針」(16頁)を発表してから3か月、40回の地元説明会を開きました。各校区の校区会長が招集し、教育委員会が説明するという形です。会場は大半が学校の体育館です。クーラーなどはありません。蒸し風呂の中で2〜3時間の長丁場です。始めの1時間は教育委員会が説明し、後半に質疑応答の時間となります。しかしこの質疑応答がなかなか大変です。怒号が飛び、糾弾集会の風情となります。校区会長らにも容赦ない罵声が浴びせられました。

ある時、地元で人望のある人がそっと私に、こう呟きました。

「教育長さんよぉ、役所から課長たちが4〜5人ここに来ているんだから、話合いの後半は4つか5つのグループに分けてくれないか」。

説明会の発言が特定の人に偏ってしまい、多くの参加者には発言できない不満があるということなのです。グループ分けは特に若い母親たちからの要望でもあったようです。

そして採用したのが「車座」方式です。これは結果としてとても良かったですね。参加者と教育委員会の管理職が膝を交えて話ができる。大きな

39

声の反対者だけでなく、多くの小さな声にもきめ細かく対応できる。「生の言葉で直に話をする」という、山本雄二郎先生が事あるごとに声にしていた場面が、文字どおり持たれることになったのです。

この展開に学んだ私は、もう一つの提案を地元にすることとしました。それが「ホット携帯、ホットメール」です。ある時から会場の黒板に大きく自分の携帯番号を書き、こう話しました。「皆さん、いつでも教育委員会に聞きたいことがありましたらメールか電話をしてください。責任者としての教育長に言いたいことがあればいつでもこの携帯に連絡をしてください」。

この提案は予想以上に多くの人から好意的に受け取られたように思います。現に深夜も含め、何本かの電話が入りました。しかし垣根が高い役所が低くなったという感じを持ったのではないかと思います。「顔が見えること」の大切さをここでも体得することとなります。もし他の自治体の皆さんに、地元説明などで少しは工夫したかと問われれば、この「車座」と「ホット携帯」についてはおススメしたいと思っています。

Q6 地元合意と言いながら世代間や男女で、教育やコミュニティに対する考え方が大きく違っている。その辺りの調整はどうしたのか？

田原市の教育委員会は10年ほど前に学校統廃合の基本的な考え方をまとめました（Q1参照）。しかし実行はできないままでした。地元の反対があったからです。いや、正確に言うと地元の自治会長やその経験者などといった特定の年配層から、地域での説明に教育委員会の職員が入ることを拒否されたのです。彼らは学校の少人数化がよくないと薄々感じていました。それでも自分たちが通った学校が廃校になること、地域の軸である学校がなくなること、そしてその重大な決断を自分が在職中にしなければならないことに戸惑いがあったのです。

年配層は年配層で実は困っていたのではないでしょうか。私は直感的にそう思いました。皆、時代の変化を肌で感じているのです。そうであれば

そのきっかけを役所が設定していけばいいと判断したのです。

他方で若い層の話をします。再編計画では緊急地域とされた伊良湖、堀切、和地の３小学校のエリアには市立の伊良湖岬保育園があります。園児がちょうど100人。したがってその母親が100人です。ある時、統廃合の説明会の場で、担当課長の一人がふと思い立ってこう尋ねました。

「皆さんの中でこの地元の生まれでなく、よそから来た人はどれくらいいますか」。

すると何と６割を超える母親が地元の出身ではなかったのです。渥美半島の先端は農村地域です。にもかかわらず大半のヨメはヨソ者だったのです。彼女たちにとって土着的なこだわりは薄く、地域の伝統よりは我が子の教育環境が優先します。この保育園でのアンケートでは、全員の母親が小学校の統合に賛成したのです。この母親たちの感覚を私は重視しました。そのアンケートを示すことで年配者たちの説得を試みたのです。子供を軸に統合を進めようとする私たちにとって、この母親たちの思いは助け舟でした。

もっとも問題も生じます。とかく母親は自分の子供のことだけを考え、統廃合の全体の計画イメージや地域の将来像にほとんど関心を示さないことがあるのです。なかには「どこの学校に行きたいか園の子供たち一人ひとりに聞いてほしい」という母親もいました。わずか５歳の保育園児に何を判断させようというのでしょうか。これには驚きました。そうした若い層の姿勢に困惑したある校区会長は、「女、子供の言うことなんか聞くな」と声に出しておりましたね。「公」の意識が薄く、自分の子供のことしか考えない姿勢にキレたのです。世代間のギャップの一場面ですね。

Q7 地元意見の合意システムは機能しているのか。地域合意の問題点は何か、合意の仕組みでの妙案はないか？

世代層が幾つにも重なり、また価値観の多様化した今の時代、地元意見をどう集約していくかはどこの地域でも難題でしょう。

田原市には全市的なコミュニティの仕組みとして、コミュニティ協議会

という枠組みをスタートさせています。コミュニティ協議会は小学校数20に連動した「校区」を基本とし、20校区が存在します。地域全体の合意形成にはこの「校区」が主体となり、行政もこの「校区」すなわち「コミュニティ協議会」を重視し、もう一つの議会のような性格を持たせています。田原市人口は6万人余、したがって1校区は平均3,000人であり、これが地域自治の基礎となります。各校区には校区会長が置かれ、校区の下に自治会や町内会が控えます。校区会長は校長などの教員や市役所幹部の経験者が大半で、議員経験者も少なくありません。

　学校統廃合に際しては、その方針を行政はまずは「校区」に投げます。そしてそこの校区会長が、各自治会などを通じて地元の意見をまとめるという手順をとります。学校統廃合のような難題ケースの場合、一番望ましいことは、地域からの声を正式な「校区の意見」として文書で出してもらうことです。私たちとしても、その文書提出を一番の目標として働きかけました。

　それにしても学校の統廃合問題は、賛成と反対の対立は大きいだけに校区会長の負担は大変です。説明会の場などで「お前は地域の将来に責任を持てるのか！」といった激しい言葉を直に投げかけられもしました。しかし地域としての「折り合い」はつけなくてはなりません。今回の「緊急地域」（伊良湖岬エリアの3小学校区）での合意づくりには、3校区の校区会長の汗の流し方は尋常ではありません。頭が下がるというものです。校区コミュニティ協議会制度は学校統廃合問題についてはそれなりに機能したものと思っています。

　しかしその一方でいったん決まった話が、一部の人からの異論で振り出しに戻るといった事態が度々生じた校区もありました。また情報提供の不慣れさから、地元が混乱し校区会長が糾弾される地域もありました。地域合意のルール作りはまだまだ道半ばなのでしょう。かといって地域合意の形成にこれはという妙案はありません。その地域の歴史や個性にあった展開を常に模索しながら、工夫していくほかにない。そう私は思っています。それだけに土着的な風土のなかでは、教科書的な多数決原理でコトを決めようとするのは浅薄です。多数決などといった無機質な手法は、地域

1章　学校の統廃合とそのノウハウ

を二分化する危険さえ持ちます。

> **Q8** マスコミ（新聞、TV）への対応にはどんな形で接したのか。また議会（議員）にはどういった対応をしたのか？

　行政の職員である場合、一般的に新聞やテレビの記者との接触には必要以上に警戒するようで、全国的な傾向です。ただマスコミ嫌いは国の省庁の中にもいますが、地方の自治体の方がかえって閉鎖的な人が多いとも見えますね。今の世の中でマスコミを抜きにして行政運営は考えられません。役所の広報誌などと比べ、良くも悪くも圧倒的に影響力が大きいからです。マスコミの効用は重視したいものです。

　平成11年、初めて石原慎太郎が都知事になった時のことです。私たち都庁の幹部職員を集めてこう言いました。「マスコミと人事は俺がやる」と。教員や警察・消防を含めると都庁職員は16万人です。この組織を運営するのに人事（出世）を手法とすることを宣言したのです。幹部は緊張します。しかしそれと並んで石原知事の関心はマスコミであったのです。「マスコミ対応は大事だ。君ら職員のシロウトには任せられない。プロの自分がやる」。そう言ったのです。新聞・テレビが世論を作るという現代社会での力の実態を、知悉していた発言と言ってよいでしょう。

東京都庁　行政はマスコミをしばしば「第4の権力」と考える。

　学校再編は住民への理解と浸透が重要です。それだけに私は、コトある

43

ごとに統廃合に関しての記者発表をし、記者会見も行いました。一般的な投げ込みではなく、記者会見の折は全社の担当者に直接電話も掛けました。もちろん個別に記者たちとの話合いの機会をしばしば持つようにしました。田原市の学校再編作業の、マスコミへの露出度は格段に高かったものと思っています。

　またマスコミには、一般的な情報提供では済まさないように心掛けました。ここでも「生の言葉で直に話し合う」ことを意識しました。地元紙をいかに巻き込むか、そのためには地域の将来をどうするか、議論もすればお酒も酌み交わします。自宅への記者の招待もしばしばでした。記者にとっての学校以外のおいしい情報も時にこぼします。win-winの関係を常に意識したものです。

　他方で配慮したのは議会（議員）への対応についてです。議員は常に選挙を意識しており、また推薦母体の意向に従うものです。学校再編に対しても最初から自分のスタンスを明確にすることはありません。ある時、議会事務局の若い職員がこぼしていました、「基本的に議員は風見鶏なんですよ」と。そのことはとりも直さず、一定の方向さえ固まってくれば、大いに力になるということです。議員メンバーにはあまり姑息な形でのサポートを期待せず、正面から統廃合の趣旨を説明し、正面から答弁をし、改革を理解してもらう。そういうスタンスが肝要だと思います。正面から応えてくれる議員は少なくないのです。

Q9 情報の提供は大事だというが、早くから情報を公の場で口にすると反発ばかりが生じる。情報提供の時期や内容にどう配慮すればよいのか？

　学校再編に限りませんが、行政の改革を進める場合に一番嫌な言葉があります。「俺はそんな話は聞いてないぞ！」。これです。この言葉に込められた意図はなかなか複雑です。本当に知っておらず初めて聞くという怒り、組織としての手順が違うという怒り、他から既に耳に入っているが後塵を拝したという個人のメンツの絡んだ怒りなど様々だからです。

44

1章　学校の統廃合とそのノウハウ

　田原市の学校改革でいえば、早めの情報提供が必要なのは、例えば校区会長であり議員です。ただ早すぎて失敗するか、遅すぎて失敗するかと言えば、私としては遅れた情報提供による火傷の方が痛みが大きいと思っています。まとまらないうちに情報を流すのは危険です。しかし、完全に固まるのを待って、後でぎりぎりになって出すのはもっと危険です。

　ただ早めの情報提供には相手を見る必要があります。軽く他人に口を割ってしまうタイプの人物は少なくないのです。そうした点では、ペーパーで渡すより、口頭で済ませるようにすることは1つのチエでしょう。

　情報提供の手法としては様々なものがあります。言うまでもなく、新聞・テレビでの発表が一番有効です。しかし統廃合の動きを紙媒体でもって知らせる手法としては、校区や自治会の便り、検討委員会の便りなどがあります。この発行はかなり時期遅れとなります。が、全戸配布であること、回覧公表したとの実績づくりに使えることなどから、その有効性は侮れません。

　役所のホームページの積極的な活用も心すべきです。役所のホームページへのアクセスはまだ限られていますが、迅速にアップできること、職員の負担が少ないこと、事前に公表したとのアリバイに使えることなどから、これまたなかなか侮れないものがあります（笑）。

　学校の再編については、学校だよりやPTAだよりの活用も想定されます。しかし、この紙媒体の使用は注意が必要です。学校統廃合といった重い課題は、責任の所在をはっきりさせておくことが肝要です。学校再編は教育委員会が責任を持つべきものであり、学校やPTAが持つものではありません。したがって学校便りなどで、作業の一端を担わせるのは地元に誤解を生みやすく、避けるべきだと思います。そうした意味からも私は教育長に就任してまもなく、校長会でこう発言しました。

　「皆さんは学校統廃合について積極的発言を避けてほしい。校長の発言は影響力が小さくありません。"うちの校長先生は複式学級も悪くないと言っているぞ"。例えばそう言って統合反対の人たちの口実に使われます。そうなっては校長の皆さん自身も困りましょう、地元の政治的対立に巻き込まれるのですから」。

45

この私の発言には校長OBたちから批判がありました。しかし校長は行政という組織の一員です。統廃合のような緊急事態時に自由な発言の許されないことがあっても仕方ないと考えています。

> **Q10** 保護者や地域が口にする一番大きな疑問は、なぜ統合しなければいけないかであった。小人数でも良いではないかと地域の声は大きかった。統合の功罪を、どう考えたのか？

児童生徒数が減少した場合のメリット・デメリット、特に小規模校化の課題は大きなテーマです。私たちは以下のような対比表で保護者などに説明しました。

小規模校化によるメリット

- 学習面では少人数であるため、児童・生徒の一人ひとりに目が行き届き、きめ細かな指導ができます。また子供同士が良く知り合うことができ、家庭的な雰囲気の中で学習することができます。
- 学校行事である運動会や学芸会などでは、子供一人ひとりが主役として活躍しながら、準備や片付けなどいくつもの役割を分担するので、参加意識が高くなります。
- 生活面では、1年から6年まで全員の名前や顔が子供同士で分かり合え、全校で協力しながら活動することができます。

小規模校化によるデメリット

- 授業では、多くの友達の多様な考え方に触れる機会や学び合い、切磋琢磨する機会が少なくなります。
- 生活面では、クラス替えができず、入学から卒業まで同じメンバーであるため、児童生徒の交友関係が固定化されます。適度な刺激や社会性を育む機会が少ないことや、友人が増えないなど自己形成に必要な集団生活が十分にできないことがあります。
- 運動会などの学校行事や音楽活動等の集団教育の活動に限界が生じます。部活動では、子供たちの興味や関心のある多様な種目の部活動

1章　学校の統廃合とそのノウハウ

が設置できず、選択肢が狭くなります。
・　学校運営では、教職員数が少ないため、経験、教科、特性などの面でバランスのとれた配置を行いにくいこと、学年別や教科別の教職員同士で、相談・研究・協力などが行いにくいことなど教育の質において平等性の確保の課題があります。
・　発達障害の子供について適切な指導を行う特別支援学級が開設できないといった状況にあります。

注：文科省事務次官通知（平成26年1月27日）では、その「手引き」で40項目をメリットとして掲げています。参考にされるとよいでしょう。

Q11 学校の統廃合は役所のカネの都合で進めるものではないか、との意見も強い。このことにはどう対応したのか？

　確かに学校の統廃合に関しては、カネ（財源）がなくなった役所の身勝手な改革だ。財政赤字のツケを住民に強いるような姿勢は許せない。そういう声がありました。財政が厳しいのであれば役所の中で努力をすべきであり、学校を潰すことで穴埋めを図ろうとするな、といった声です。

　学校の教員の人件費は県が負担するものであって、地元の市町村が負うものではありません。しかしこういう説明はいかにも弁解めいて聞こえ、どうしても住民には反発を受けます。住民にとっては、国であろうが県であろうが市町村であろうが、行政や税金という面では区別はないのです。

　学校の運営に絡む行政全体の負担という観点からは、次のような分析があることは知っておいてよいでしょう。要するに学校の統廃合によっては、財政的な影響は大きくないということです。

　「教育財政効果との関連では、学校規模が小さくなると児童・生徒1人当たりの諸経費が増加する傾向がある。一般に、各学校に配当される人件費を除く学校運営費の児童1人当たりの経費は6学級と18学級の間では、通常3対1程度の開きが見出されるといわれる。しかし、財務省の調査によれば、統廃合によっても管理費はあまり減少しておらず、人件費の減少

47

により、学校運営費全体で約30％が減少したに過ぎないとの結果もある」
（「学校統廃合―公立小中学校に係る諸問題―」国立国会図書館　安田隆
子）というのです。

　田原の教育委員会の目線も、当たり前のことですが、財政的なコスト減
を考えてのことではありません。目前に迫った複式学級化をどう避けるの
か。津波の脅威から子供たちをどう守るか。学校再編はあくまで教育環境
の悪化の回避にあると、説明会では繰り返しました。学校再編はカネの問
題ではない。「未来とは今である」（マーガレット・ミード）。そうした未
来を担う子供たちの環境整備のためにこそ改革に着手したのであり、それ
以上でもそれ以下でもない。私は教育長としてそう言い続けておりまし
た。

Q12　学校の統廃合は行政にとって大問題。首長との連携が大事
になるが、そのあたりに齟齬はなかったのか？　また予算権
は首長にあるだけに、その調整はどう進めたのか？

　学校の統廃合は自治体にとっては大きな問題です。地域の反発を買うこ
とが多いだけに、教育委員会に止まらず、首長や市全体への大きな批判を
呼びかねません。首長選挙への影響も考えられますし、稀にはリコール運
動にも結び付きかねません。

　また統合後に新設の学校を造るとなると20〜30億円の費用がかかりま
す。田原市の予算の一般会計は300億円です。１校の新設で年度予算の
10％を使うことになるのですから大事業です。それだけに首長及び首長サ
イドとの意思疎通には気を遣いました。

　平成27年度から法改正で「教育総合会議」（首長が主宰し教育長、教育
委員などで構成）といった仕組みがスタートしました。こういった場所で
の議題にすることも一つに有効でしょう。しかし年に２〜３回の開催予定
のこうした会議に大きな期待をかけることはできません。住民との交渉経
緯、地元の反応や意向といった諸事情は、平素から首長、財務当局、政策
当局にインプットしておくことが大切です。

1章　学校の統廃合とそのノウハウ

　とりわけ首長には様々なルートから要望や質問が入ります。その時に首長が人前で改革について怪訝な顔などをすれば、教育長と市長はうまくいっていないのではないか、改革への温度差があるのではないか、との疑念を呼びます。気を付けたいものです。

　また市全体で改革は推進するという点で、政策部門（企画部門）との連携は重要です。特に政策部門は市政運営の中核です。市政全般の動きの中で学校統廃合の影響を常に把握し、議会対応やコミュニティ協議会対応を工夫しなくてはいけません。それだけに教育委員会と政策部門では地道な意見交換を図るとともに、地元説明会には教育委員会だけでなく、政策部門のメンバーも参加させるよう働きかけるのがよいでしょう。

　そしてその際、政策部門も然る事ながら行政に求められるのは将来構想と各政策の総合性です。地元の人たちは学校問題を学校問題だけとは捉えません。その後の校舎の活用をどうするのか、この地域の活性化をどう考えているのか。当然に問うて来ます。何事も役所全体で考えなくてはならない時代にある。そのことを心すべきことと思います。

　そして最後はどうしてもカネ（予算）の問題に突きあたります。予算課（財政課）へのインプットは日常的にも怠ることがあってはなりません。

Q13 もう一つの改革の課題として、役所の縦割り体質があるといわれるが、その辺りはどう克服したのか？

　一つの大きな事業に着手する場合は、おのずと全庁的な問題になるものです。学校の統廃合の場合、それは政策部門や財政部門に止まりません。例えば廃校後のその地域の今後の活性化をどうするのかという点で産業部が関わります。小学校の統合で従来の「校区」範囲が変わることになれば市民部の仕事に影響します。廃校後の建物活用ということで都市計画上での用途変更の必要性が出てくれば土木部や消防担当の協力を得なくてはなりません。

　事ほど左様に学校再編はオール市役所に関わる作業となってきます。そこで田原市では、学校統廃合に関する「庁内検討委員会」を発足させるこ

49

ととしました。副市長をトップとし、部長クラスのほぼ全員を委員とした
ものです。そこでは再編作業の進捗を報告するとともに、個別の課題につ
いての意見交換を主にすることなりました。さらにその下部組織として、
課長クラスの連絡会もスタートさせました。事務的な課題はこの連絡会で
事前調整させようという意図です。

　しかしスタートしてみて分かるのですが、一部の構成メンバーたちに
とって学校統廃合は、所詮は対岸の火事というスタンスです。各部はそれ
ぞれに課題を抱えていますから、人の情として分からないわけではありま
せんね。いただけないのは、コトあるごとに法順守や形式踏襲を基に疑問
だけをぶつけてくるタイプです。それで自分の存在価値を高めようという
輩で、足をひっぱるだけで、解決策をどう探し当てるかといった建設的な
姿勢ではないのは残念なことです。

　他方で、常に冷静に全体を見て、意見やアイデアを提案するメンバーも
います。また時には何と言う戦略家だろう！と舌を巻いてしまう、スグレ
者も教育委員会にはおりました。そういう職員に支えられて、学校統廃合
のような大きなプロジェクトは達成が可能になるというものです。いい仕
事をする職員はどこにでもいる。組織の力というのは、きっとそういうも
のでしょう。困難な仕事も悲観的になることはありません。

　ただ時間のかかる大きな改革に着手した時に警戒すべきは、役所として
の継続性です。よく選挙でトップが変われば施策が変わっていくのは当然
と言われます。しかし往々にして改革が頓挫するのは、後任者が前任者の
業績をとかく否定しがちなことによります。あるいは選挙結果を口実に煩
瑣な作業を放棄しがちなこともあります。こうした懸念は、改革の意図の
理解や議会の機能がしっかりしていれば避けられますが、改革中断の危う
さは多くの自治体が抱える課題ですね。それにしても学校再編は時間のか
かる大仕事です。いったん頓挫すれば少なくとも10年は手が付けられませ
ん。持続するリーダーシップが不可欠と思います。

1章　学校の統廃合とそのノウハウ

Q14 廃校への地元の寂しさは強い。地域の未来をしっかり語ることが大事。特に廃校後の校舎活用策はできるだけ早く議論するべきではないか？

　今回の学校統廃合に着手し地元に入ってみてよく分かったことがあります。反対者に限らず多くの人たちが、学校がなくなった後の地域の将来に強く不安を持っているということです。ただでさえ地域から人が減っており、年寄りばかりが目につきます。地域はこれからどうなるのか。自分や自分たち家族がどうなるのか。誰もが不安なのです。説明会での学校廃校への激しい反発も、こうした地域の将来が見えないことへの不安によるものとも考えられます。

　それだけに学校統廃合にあたり、地域の活性化策を具体的に提示することは大事なことです。現に学校の統廃合計画を進めるときに、同時に廃校後の活用イメージを示している自治体も全国にはあります。しかし、田原市での学校統廃合は津波対策などの緊急な事態の中で着手しました。それだけに廃校後の建物活用ビジョンや統廃合後の地域活性化プランについては準備不足であったことは否めません。悔やまれるというものです。

　一般的に言えることは、どんな事業であれ極力早期に準備しておくことが必要になるということです。それは行政の責務です。

　しかしそうはいっても、物事には順番があります。学校統廃合の是非と、統廃合後の廃校活用策を同時に各地域で議論することは、住民にとっても負担が大き過ぎる作業といえます。あれもこれもではテーマが錯綜してしまい、混乱する危険性があります。まずは学校の統廃合を決める。次いでその校舎の活用策を皆でアイデアを出し合いながら、じっくり議論し合っていく。これがやはり手順というものでしょう。もちろん、最初のタタキ台は行政が準備すべきことも承知すべきです。

　それにしても学校統廃合問題は、とかく後ろ向きに捉えられてしまう傾向があります。しかしこの改革は子供たちの未来のために推進するものです。そして今後、廃校後の校舎をどう活用していくかは、子供の未来や地域の新しいポテンシャルにもつながります。

51

廃校活用プランづくりは、地域活性化の大切なきっかけにしたいものです。いや、きっかけにしなくてはいけません。

2章　全国の廃校の現状と活用状況

全国の廃校の現状と活用状況

　前章では、学校統廃合の実態を愛知県田原市の例を中心に、その取組みを推進する立場の方々に役立つように、あえて臨場感あふれる形で取り上げてきた。本章では全国の小中学校の廃校とその活用が現在どのようになっているかについて、まず全体状況を把握するところから始めたい。

 10年余で廃校数は5,801校に

1　毎年500校が廃校に

　文部科学省が発表した全国の公立学校の廃校数は、平成14年度から平成25年度までの12年間で5,801校となっており、その内訳は小学校3,788校、中学校1,089校、高等学校849校、特別支援学校75校となっている（図表2－1－1）。

　平均すると1年度当たりの廃校数は480校余りとなり、平成24年度では実に598校に達している。

　同じ調査を、さらに10年遡って見ると、平成4年度から平成13年度までの1年度当たり平均の廃校数は、210校余りであることから、近年、廃校となる学校が急速に増えていることが分かる（図表2－1－2）。

2　地方でも都市部でも進む児童・生徒の減少

　平成14年度から平成25年度までの廃校発生数を都道府県別に見ると、北海道の597校を筆頭に以下、東京都245校、岩手県233校、熊本県232校と続き、廃校は地方に限らず、都市部でも進む全国的な現象となっている。

53

図表2−1−1　平成14〜25年度の公立学校の年度別廃校数

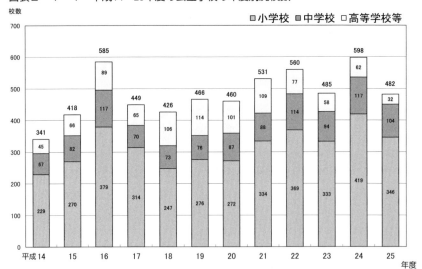

（出所）文部科学省「廃校活用状況実態調査の結果について」（平成26年11月3日）

図表2−1−2　平成4〜13年度の10年間の廃校数の推移（小中高別）

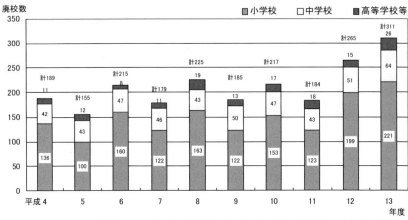

（出所）文部科学省「廃校施設の実態及び有効活用状況等調査研究報告」（平成15年）

2章　全国の廃校の現状と活用状況

「廃校理由」について、平成4年度から平成13年度までの10年間の廃校数2,125校を対象に文部科学省が平成26年に調査を行った。その都道府県アンケート調査結果によれば、

(1) 「廃校理由」を「過疎化（1次産業を中心とする地場産業の衰退により、急速な人口減少を招き、それに伴い児童・生徒数が減少したための廃校）」とするものが1,320校（62％）
(2) 「都市化（地域が商業・業務を中心に発展することにより住宅が郊外に移転し、地域内の定住人口の減少とともに児童・生徒数が減少したための廃校）」とするものが63校（3％）
(3) 「高齢化（大きな人口減少は見られないものの、高齢化が進み、児童・生徒数が減少したための廃校）」とするものが146校（7％）
(4) 「別敷地への移転・再編・その他」とするものが596校（28％）

となっている。

すなわち、人口減少の「過疎化」による廃校が圧倒的に多く、小・中学校に限ると、その割合はさらに高くなり66％に達している。

 廃校後の建物・土地の活用状況

1　廃校の3割が未活用のまま

廃校の活用状況はどうか。1に掲げた、最近12年間に廃校となった5,801校のうち、既に取り壊した701校を除く5,100校について、「活用されているもの」が3,587校（70.3％）、「活用されていないもの」が1,513校（29.7％）となっている（平成26年5月1日現在）。

1,513校のうち、「今後の活用が決まっているもの」と「取壊しを予定しているもの」を除いた、「用途が決まっていないもの」は1,081校あり、廃校全体の21％を占めている。

用途が決まっていない理由として、「地域からの要望がない」が47.4％、「施設が老朽化している」が35.4％と多く、「財源が確保できない」

が16.3％、「活用方法が分からない」という理由も10.5％ある（複数回答での割合）。

　平成4年度から平成13年度までの10年間に廃校となった2,125校について、廃校理由別に未活用割合を見ると、「過疎化」によるものは20.8％、「都市化」によるものは1.6％となっており、活用に対する需要の大きい都市部ではほぼ全てが活用されているのに対し、過疎地では未活用割合が高い状態にある。

2　教育関係への転用が7割―他への転用は難しい？

　最近12年間に廃校となった5,801校のうち、活用されている3,587校の活用用途を見ると、学校・大学等が34.1％、社会体育施設が20.8％、社会教育施設・文化施設が15.1％であり、この3つで70.0％を占める。次いで福祉施設・医療施設等が9.1％、企業等の施設・創業支援施設が7.4％、庁舎等が6.8％、体験交流施設等が4.6％となっている（図表2－2）。

図表2－2　廃校の活用用途

（平成14年度から平成25年度までの廃校5,801校）

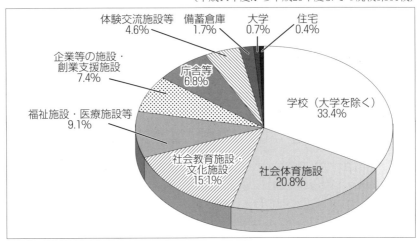

（出所）文部科学省「廃校活用状況実態調査の結果について」（平成26年）

　学校施設を用いた活用であるから、教育関係用途が7割を占めることは、自然に見える反面、諸々の制約条件があって他への転用が難しいという側面もあると考えられる。

2章　全国の廃校の現状と活用状況

　55頁で取り挙げた都道府県アンケート調査（平成26年）では、廃校活用状況について、建物、土地ごとの活用状況、利用者状況、財源状況等について調査しており、それらの一般的傾向が見て取れる。その主なものは、以下のとおりである。

(1)　既存建物を改修して活用する方法が主流であり、活用用途としては、教育委員会が所管する社会教育施設（公民館、生涯学習センター等）や社会体育施設（スポーツ施設等）が多くを占めており、それ以外では、体験交流施設や庁舎等としての活用が比較的多い。

(2)　既存建物を解体撤去するか、校庭等の空地部分を活用し、新たな建物を整備する場合は、体験交流施設、研修施設、老人福祉施設等、多様な活用事例がみられる。

(3)　既存建物を撤去した跡地や校庭等の土地を活用する場合は、教育委員会所管の学校施設、社会教育施設、社会体育施設としての活用が中心であり、特に社会体育施設として、廃校後も地域のグランドとして活用されている例が多い。

(4)　活用までにかかる期間は、土地・建物とも過半数以上が廃校年度と同じ年に活用開始され、廃校後2年以内での活用開始は9割近くとなっている。

(5)　新設建物の場合、既存建物の撤去や新設建物の建設に時間がかかることから、活用開始済みが5割を超えるのは、廃校の5年後となっている。

(6)　未活用校数のうち、廃校後2年以内のものが4割を占めるが、その後の経年別の未活用校数はほぼ一定であることから、廃校後2～3年以内に土地・建物の活用方策が決まらないと、その後も未活用のまま推移する傾向にあると推測される。

(7)　「過疎化」による廃校では、小中学校区や行政区など、地域住民による利用が中心となっている例が多いのに対し、「都市化」による廃校では小中学校区の利用者割合が低く、全国の利用者割合の方が高い。

(8)　「過疎化」による廃校では、公的資金に依存する傾向が強く、運営・維持管理も公的資金により行われている事例が多いのに対し（例：愛知

57

県設楽町「神田ふれあいセンター」129頁)、「都市化」による廃校では、民間資金による施設整備の事例が多く、運営・維持管理においても公的資金への依存は低い（例：東京都豊島区「みらい館大明」105、144頁)。ただし、「都市化」による廃校でも施設整備を公的資金によっている場合は、運営・維持管理も公的資金に依存する傾向にある。
(9) 稼働日数、年間利用者数、職員数、常駐職員割合はそれぞれ正の相関にあり、稼働日数、年間利用者数ともに多い施設は老人福祉施設、庁舎等、医療施設等となっている。

 廃校活用のための情報支援と制度緩和

　以上が全国の廃校活用の状況である。次いで、ここでは廃校活用のための情報の入手や制度緩和の動きなどについて触れる。

１　文部科学省の情報サイト
　　―「みんなの廃校」プロジェクト―
　文部科学省は、「廃校施設の活用方法を検討しているが、活用先が見つからない」という自治体、「廃校施設を活用して事業をしたいが、活用できる廃校施設が見つからない」という活用希望者、その双方のマッチングを目指して、「活用用途募集廃校施設等一覧」を同省ホームページの「〜未来につなごう〜『みんなの廃校』プロジェクト」に掲載している（**図表2−3**）。
　「一覧」には、各学校の「所在地」、「用途地域」、「土地面積」、「校舎・体育館の建物構造・竣工年・建築面積・延べ床面積・階数」、「募集内容（事業提案の募集か、貸与先の募集か）」、「貸与・譲渡条件等」、「担当窓口」などが掲載され、平成28年7月1日現在、212校が登録されている。
　プロジェクト発足後間もないので、登録数は今後急速に増えていくものと思われる。ここを起点に、双方が接触を始めやすいように工夫されてい

2章　全国の廃校の現状と活用状況

るので役に立つだろう。

図表2－3　〜未来につなごう〜「みんなの廃校」プロジェクト

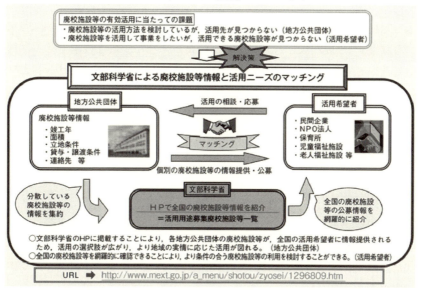

さらに、同プロジェクトには、廃校活用を検討する際に参考となる、特徴的な事例がリンク集としてまとめられており、当該施設のURLにリンクできる便宜が図られている。

平成26年11月7日現在、155事例が6分野に分類され集録されており、多分野にわたる活用事例をコンパクトに把握することができる。分野ごとの集録数は次のとおりである。

活用事例（分野ごと）		
分野1	オフィス・工場など	22
分野2	児童・高齢者などのための福祉施設	14
分野3	アート・創造拠点などの文化施設	20
分野4	体験学習施設・宿泊施設など	63
分野5	大学・専門学校などの教育施設	33
分野6	特産品販売・加工施設など	3

2　その他省庁の参考情報

　文部科学省のほかにも、各省からいろいろな情報が提供されているので、その幾つかについて説明する。

⑴　総務省の「地域活性化の拠点として学校を活用した地域づくりに関する調査」（平成25年2月）では、廃校だけでなく、空き教室のある学校も含めてであるが、地域活性化の拠点として学校を活用したサステナブルな地域づくりに成功している事例を調査。今後、同趣旨で取り組む際の課題や求められる施策を整理した情報提供がされている。

⑵　一般財団法人地方自治研究機構の「市区町村における廃校施設の有効活用に関する調査研究」（平成27年3月）は、直近のデータで廃校活用の現状を網羅的に整理している。さらに実現に至るまでの、住民ニーズの把握・合意形成・事業計画や実現後の事業推進などに関し、アンケート結果を整理したうえで、ステップごとに見たポイントを提示しており、参考になる。

⑶　活用先を見つける自治体と活用希望者とのマッチングを目指した文部科学省のサイトとは別に、総務省が平成27年6月から同趣旨の「公共施設再生ナビ」を公開し始めた。施設は学校だけに限られていないが、マッチングのほかに、リノベーションのグッド・アイデアも紹介されている。

⑷　総務省の「『小さな拠点』の形成に向けた新しい『よろずや』づくり」（平成27年3月）では、地方創生戦略の具体的施策形成のための調査として、小学校区程度のエリアを対象に、旧役場や廃校などを活用して生活サービス機能を集約する構想を示しており、国の支援メニューも示されている。

⑸　このほか、内閣府の「まちむら交流きこう」で開設している「廃校活用ポータルサイト」では、廃校活用に携わる人に役立つ情報提供や、開催している廃校活用セミナーに関する情報を得ることができる。

3　廃校活用の転用施設整備に関する補助制度等

　廃校活用の転用施設が決定し、その施設の新設や改修を行う際には、当

2章　全国の廃校の現状と活用状況

該施設に関する助成制度の有無を確認し、助成対象に該当する場合には有効に活用したい。

　廃校等の地域資源を活用して都市住民との交流や定住環境の整備を目指した事業には、農林水産省の「農山漁村振興交付金」があるのを筆頭に、「地域スポーツ施設」には文部科学省の地域スポーツ施設整備助成が、児童福祉施設や老人福祉施設には厚生労働省の各種助成が適用になり、これらの詳細は**図表２－４**のとおりである。

図表２－４　転用施設の改修に対する補助等　　　　　　　（平成28年４月現在）

対象となる転用施設等	事業名		所管官庁
地域スポーツ施設	スポーツ振興くじ（toto）助成 （地域スポーツ施設整備助成）	文部科学省	（独）日本スポーツ振興センタースポーツ振興事業部支援 第二課地域スポーツ支援係 TEL：03-5410-9129
埋蔵文化財の公開及び整理・収蔵等を行うための設備整備事業	地域の特色ある埋蔵文化財活用事業 （国宝重要文化財等保存整備費補助金）	文化庁	文化財部記念物課管理係 TEL：03-5253-4111 （内線2876）
児童福祉施設等 （保育所を除く）	次世代育成支援対策施設整備交付金	厚生労働省	雇用均等・児童家庭局総務課 （児童福祉） TEL：03-5253-1111 （内線7824）
保育所等	子育て支援対策臨時特例交付金 （安心こども基金）		雇用均等・児童家庭局保育課 TEL：03-5253-1111 （内線7927）
	保育所等整備交付金		
	保育対策総合支援事業費補助金 （賃貸物件による保育所改修費等支援事業）		
小規模保育事業所等	子育て支援対策臨時特例交付金 （安心こども基金）		
	保育所等整備交付金		
	保育対策総合支援事業費補助金		
放課後児童クラブ	放課後子ども環境整備事業		雇用均等・児童家庭局 育成環境課 TEL：03-5253-1111 （内線7909）
老人福祉施設等	地域介護・福祉空間整備等施設整備交付金		老健局高齢者支援課 TEL：03-5253-1111 （内線3927）
障害者施設等	社会福祉施設等施設整備補助金		社会・援護局障害保健福祉部 障害福祉課 TEL：03-5253-1111 （内線3035）
私立認定こども園	認定こども園施設整備交付金	文部科学省	初等中等教育局幼児教育課 TEL：03-5253-4111 （内線3138）
	保育所等整備交付金	厚生労働省	雇用均等・児童家庭局育成環境課

61

			TEL：03-5253-1111 （内線7909）
	子育て支援対策臨時特例交付金 （安心こども基金）	文部科学省 厚生労働省	上記と同様
地域間交流・地域振興を図るための生産加工施設、資料展示施設、教育文化施設、地域芸能・文化体験施設等 （過疎地域の廃校舎等の遊休施設を改修する費用が対象）	過疎地域等自立活性化推進交付金 （過疎地域遊休施設再整備事業）	総務省	自治行政局過疎対策室 TEL：03-5253-5111 （内線5536）
旧合併特例法第5条に規定する市町村建設計画に基づき実施する事業	市町村合併推進体制整備費補助金		自治行政局市町村課 TEL：03-5253-5111 （内線5516）
農山漁村の持つ豊かな自然や「食」を活用した都市と農村との共生・対流等を推進する取組や地域資源を活用した雇用の増大等に向けた取組及び農山漁村における定住を図るための取組に必要な拠点施設	農山漁村振興交付金 （農山漁村活性化整備対策）	農林水産省	農村振興局農村整備部地域整備課 TEL：03-3502-8111 （内線3098）
福祉農園及び附帯施設 （休憩所等）	都市農業機能発揮対策事業		農村振興局農村政策部都市農村交流課 TEL：03-3502-8111 （内線5448）
交流施設等の公共施設	次世代林業基盤づくり交付金 （木造公共建築物の整備）	林野庁	林政部木材利用課 TEL：03-3502-8111 （内線6127）
都市再生整備計画に位置付けられたまちづくりに必要な施設	社会資本整備総合交付金 （都市再生整備計画事業）	国土交通省	都市局市街地整備課 TEL：03-5253-8111 （内線32763）
空き家住宅等の集積が居住環境を阻害し、又は地域活性化を阻害している区域において、居住環境の整備改善に必要となる宿泊施設、交流施設、体験学習施設、創作活動施設、文化施設等	社会資本整備総合交付金 （空き家再生等推進事業）		住宅局住宅総合整備課住環境整備室 TEL：03-5253-8111 （内線39394）
既存公共施設を再編成し、ワンストップサービスの実現やサービスコストの低減を図る事業に必要な施設整備	「小さな拠点」を核とした「ふるさと集落生活圏」形成推進事業		国土政策局地方振興課 TEL：03-5253-8111 （内線29543）
電源立地地域における地域住民の福祉の向上に資するものとして必要と認められる公共用施設	電源立地地域対策交付金	資源エネルギー庁	電力・ガス事業部電力基盤整備課電源地域整備室 TEL：03-3501-1511 （内線4766）
		文部科学省	研究開発局原子力課立地地域対策室 TEL：03-5253-4111 （内線4424）

（出所）文部科学省大臣官房　文教施設企画部施設助成課資料

2章　全国の廃校の現状と活用状況

　このほかに、人的支援として、総務省の「地域おこし協力隊」制度があり、廃校活用が地域おこし活動や農林漁業支援、住民の生活支援に関連している場合、当制度の財政支援を受けられる対象となりうる。

　総務省はまた、地方自治体の公共施設等の総合的かつ計画的な管理を推進する立場から、地方自治体に対し、公共施設等総合管理計画の策定を要請しており、この計画の策定経費には、特別交付税措置（1/2）が講ぜられるほか、この計画に基づいて行われる学校施設等の除去には地方債が認められることとなった。

　さらに、今後も地方の「まち・ひと・しごと創生」事業に係る各省の施策を注視し、廃校活用にそれら支援施策が適用できるか見極めていくことが有効である。

4　廃校活用に係る文部科学省への財産処分手続

　公立学校施設整備費補助金等を受けて整備した学校施設を、学校教育の目的以外に転用等する場合には、「補助金等に係る予算の執行の適正化に関する法律」第22条（注1）に基づき、当該施設を所管する地方自治体は、文部科学大臣の承認を得る手続き（財産処分手続）が必要となる。

（注1）

法第22条　補助事業者等は、補助事業等により取得し、又は効用の増加した政令で定める財産を、各省各庁の長の承認を受けないで、補助金等の交付の目的に反して使用し、譲渡し、交換し、貸し付け、又は担保に供してはならない。ただし、政令で定める場合（注2）は、この限りでない。

（注2）

政令第14条　法第22条ただし書に規定する政令で定める場合は、次に掲げる場合とする。

1　補助事業者等が法第7条第2項の規定による条件に基き補助金等の全部に相当する金額を国に納付した場合

2　補助金等の交付の目的及び当該財産の耐用年数を勘案して各省各庁の長が定める期間を経過した場合

63

もっとも活用に際し、必要となるこの財産処分手続きを、文部科学省は空き教室や廃校施設の有効活用を促進するため、逐次、弾力化や簡素化を図ってきた。

　例えば、平成9年11月20日の文部科学省通達「公立学校施設整備費補助金等に係る財産処分の承認等について」においては、財産処分の「承認」に代えて「報告」とする事項を大幅に拡大したほか、10年を経過した学校施設の公共用又は公用施設への無償による転用の場合は、納付金（返還金）を不要とするなどの緩和を行っている。

　それ以降、承認手続きの簡素化と返還金の免除という2つの事項に関し、数次にわたる通達により、緩和を行ってきた。現段階では、学校施設については、最近出された、平成27年7月1日付け通知「公立学校施設整備費補助金等に係る財産処分の承認について」が適用され、学校用地については、平成20年6月18日付け通知「学校用地取得費補助金に係る財産処分の承認等について」が適用となっている。

　なお、学校用地については、校舎・体育館等の学校施設に適用となる通達内容に準じている。

5　施設転用に係る大臣承認

　補助金を受けていない学校施設の、転用等を行う時の大臣承認には次の3パターンがある。

(1)　大臣承認が不要のもの

①　処分制限期間（注1）を経過したもの

②　過去の財産処分に伴い、補助金等の全部に相当する金額の国庫納付が済んでいる場合

③　内閣総理大臣による地域再生計画の認定を受けた場合

④　建物の取り壊しに際し、危険建物改築事業に係る交付金、津波移転改築に係る交付金、長寿命化改良事業に係る交付金の決定があった場合

2章　全国の廃校の現状と活用状況

> （注1）　鉄筋コンクリート造の校舎・体育館等は47年、木造の校舎・体育館等は22年
> など（平成14年3月25日付文部科学省告示第53号）。

(2)　報告で済むもの（文部科学大臣の承認があったものとみなす）

　①　転用・貸与・譲渡・取壊し処分で国庫補助事業完了後10年以上経過したもの

　②　転用・貸与・譲渡・取壊し処分で国庫補助事業完了後10年未満のものでも、市町村合併計画に基づく場合

　③　「通知文」の「別表1」に掲げるもの
　　　別表1には、次の4項目が掲げられている。

> 1　災害等により全壊等した建物等の取り壊し及び廃棄
> 2　公共用又は公用に供する施設への転用に関するものの一部
> 3　認定こども園に係る幼稚園の財産処分の一部
> 4　その他（特別支援学校に供するための施設の転用など）

　廃校活用に最も関係する「2」について、以下に全文を掲げる。

> 2　公共用又は公用に供する施設への転用（営利を目的とし又は利益を上げる場合を除く）のうち、次の事項に該当するもの
> 2-（1）　統合または別敷地移転等により廃校（廃園）となる学校に係る建物等で、当該統合等について国庫補助を受けたものの転用
> 2-（2）　学校教育を行うには著しく不適当で、その改築が国庫補助の対象となった建物等の転用
> 2-（3）　地域事情等により入居見込みのないへき地教職員住宅の転用

　「2-（1）」が多くの廃校活用に該当する規定であり、平成27年7月1日の通達以前には、当該転用については、「同一地方公共団体内での転用」に限られていたが、この通達からは、地域は限定されず、大幅に緩和された（なお、特別支援学校に関する財産処分も同時に追加された）。

(3)　承認申請が必要なもの

　上記の(1)、(2)以外の場合は全て、申請が必要となる。

65

6 財産処分と補助金返還

　財産処分手続きの簡素化と同時に、財産処分時に学校施設整備費補助金等を国庫に返納する扱いについても、それを免除する事例が広がり、現在では下記の場合のみ、補助金の返還が必要とされる。

⑴　国庫補助事業完了後10年以上経過した、建物等の有償による財産処分（ただし、国庫に納付することとなる補助金相当額以上の額を、当該地方公共団体が設置する学校の施設整備に要する経費に充てることを目的とした基金に積立て、適切に運用することとしているものについては納付免除となる。）

⑵　国庫補助事業完了後10年未満の建物等の有償による財産処分

⑶　無償による財産処分のうち、下記を除いたもの

　①　国庫補助事業完了後10年以上経過したもの（承認手続きは報告で済むケース）

　②　国庫補助事業完了後10年未満だが、

　　ア　市町村合併計画に基づく場合（承認手続きは報告で済むケース）

　　イ　耐震補強事業、大規模改造事業、防災機能強化事業を実施した建物（承認手続きは必要なケース）

　　ウ　大規模改造事業（イを除く）、防災機能強化事業（イを除く）、太陽光発電等導入事業で、国庫補助事業完了後10年以上経過した建物等の無償財産処分に併行して、やむを得ず行うもの（承認手続きは必要なケース）

　以上から、廃校活用の財産処分においては、ほとんどの場合で、承認申請が報告で済まされ、あるいは、納付金が免除されることになる。それらをまとめて**図表2−5**に、各通達の概要を示す。

2章　全国の廃校の現状と活用状況

図表2－5　公立学校施設整備費補助金等に係る財産処分手続の概要

平成27年7月1日付け通知

国庫補助を受けて整備した建物等を財産処分する場合には、文部科学大臣の「承認」が必要

	有償	無償					文部科学大臣が特に認める場合	交付決定事項		経過後
	貸与・譲渡等	転用・貸与・譲渡・取壊し								

（出所）文部科学省HP

3章　廃校活用の諸制約とその超え方

　ここでは廃校活用に当たってハードルとなる、様々な制約を検証してみる。ハードルには、1．地元合意からの制約として出てくるもの、2．法の制約として出てくるもの、3．カネ（財源）の制約として出てくるものの3つがある。順を追ってそれぞれの課題について、その超え方を見てみたい。

1　地元合意の難しさをどう超える

　まずハードルの第1は地元の制約、すなわち廃校活用に向けての地元合意の難しさについてである。
　先の55頁に挙げた文部科学省の調査（平成26年）では、活用の用途が決まらない理由として、「地域からの要望がない」（47.4％）、「活用方法が分からない」（10.5％）ということが挙げられた。しかしこれは端的に言って活用に向けた情報提供などの、地元住民への行政の働きかけの不十分さを示すものに他ならない。こうした実態を含め、地元の合意づくりの困難さをどう超えるか。ここでは地元（住民）サイドと役所（行政）サイドの両面から考えてみる。

1　地元（住民）の制約とその超え方は
　まず地元（住民）サイドからの、合意形成に向けて話し合う場合の留意点についてである。

地元（住民）のニーズとは不透明なもの

　学校統廃合が一段落すると、地元には閑散とした空き教室の風景が現れる。このままではいけない、そしてこの校舎を何とか地域の元気づくりのために活用できないか。そう多くの人は思うだろう。

　しかし、かといって多くの場合、地域のなかに明確な方向性やアイデアがあるわけではない。いやむしろ人々の価値観の多様化もあって、思いはバラバラだ。何よりも時代の変化が早い。少子高齢化の急速な進行の中で、地域と自分たちの将来が読みづらい。それだけに廃校をどう活用したらよいかといった、地元のニーズは不透明にならざるを得ないのである。

　「地域が寂れていくことを考えて、役所は学校統合を提案してきているのか」。「最初から役所は廃校の使い道と地域の将来像を示すべきではないのか」。こういった声が統廃合の説明会の折にはよく出される。それは、ニーズや将来像のつかみきれない、自らのいら立ちと言ってもよい。

地元（住民）合意形成へのノウハウは

　では住民ニーズの不透明な中で、廃校活用に向けての合意づくりをどう進めるか。その際、考えるべきステップとしては、次のような３段階があるといってよい。

⑴　第１段階は、地元で「議論する」ということである。しかし活用策を議論するためには何を、どう議論していくかが問題となる。先に未活用のままである廃校が３割にも及ぶとの文科省の調査を見た。その理由の第１が「地域からの要望がない」（47.4％）で、第４が「活用方法が分からない」（10.5％）というものであった。しかしこの数字を見て地域を責めるべきではない。議論するためには、地元の人たちに基礎知識といったものがなくては始まらないからである。

　①　「議論する」ことの目的は、地元（住民）ニーズを浮き彫りにすることである。しかし突然に議論し合おうとしても空回りする。きっかけとなる話合いの素材が必要である。それは廃校活用の実際の事例を知ることが一番良いと思われる。全国には100件も200件も良質な先行例や反面教師的な先行例があるのだ。現に廃校を抱える各地で、住民たち同士が現地視察に行くことや、講師として実践者たちを招聘するケースも多

い。そのことで自分たちのニーズが浮かび上がってくるものだ。情報収集は地元での議論の大前提となると言えよう。

　ただこの情報提供、基本的に行政の責任において準備すべきことだろう。情報の収集にはカネもかかるし、時間もかかるからである。

　事前情報については、行政が収集提供するという手法のほか、廃校活用の「公募」を広く行うという手もあるだろう。行政がカネをかけて公募するケースもあるが、住民がインターネットでアイデアを集める場合もある。公募すれば民間企業からのアイデアや事業の採算性などがよく分かる。

②　次いで大事なことは話し合う場を重ねるということである。近所での話合い（自治会、PTA、校区）は何よりも大切だ。自分自身のニーズ、地域のニーズとしてアイデアを整理することになる。しかし闇雲に場を持てばよいということにはならない。公と民とで議論する公的な協働の仕組みを作ることだ。例えば、浜松市の「三ヶ日みかんの里資料館（76頁）」を造る際の「ワークショップ」とか、豊島区「みらい館大明（105頁）」を造る折の「廃校後の施設を考える会」や「大明小跡施設運営協議会」などといった仕組み作りが大切なのである。

　その際、注意しなくてはいけないことは、メンバーを一部に偏らず、自治会、PTAなど団体関係者を網羅的に参加させること、そして折を見ては地域の全員を一堂に会しての意見交換会のような場を持つことである。直接民主主義こそ基本だと考える気運は地域には根強くあるからだ。

③　そして特に議論すべきポイントとして想定されるのは、以下の諸点と考えられる。

　まずは校舎を教育関連施設として残すのか、あるいはコミュニティ施設や福祉施設、宿泊施設にするかなど、使い道をどうするのかの方向を決めることである。次いでその施設の改修やその後の管理費はいくらかかるのか、またそのカネを誰が背負うのかなど、コスト負担をどうするのかを判断することである。そしてその施設の運営は行政なのか、地元（自治会、有志など）なのか、第三者（企業、NPOなど）が行うのかなど、運営責任は誰にするのかを決めなくてはならない。さらにその際、

過疎化の進む中で本当にこの地域で必要な施設なのか、不要な施設にならないかなど、長期的視点からの議論も必要となろう。

④　もっともその際、気を付けるべきは、こうした議論の「場」作りの形式にあまり多くのエネルギーをかけないことだ。入り口論で議論を止めてしまっては時間がもったいない。「プロジェクトは直列思考でなく並列思考で」ともいわれる。あることが片付かない限り次に進めないとしていくのでは、いくら時間があっても足りない。やるべきことは並行してこなしていく。動き出せば住民同士でも役所でも、相互に触発されて良いチエや良いアイデアが浮かんでくるものだ。

⑵　第2段階は、意見要望を「まとめる」ことである。住民と行政の場合もさることながら、住民同士であっても議論というのは時に対立し、激しくやりとりする場面も出てくるだろう。そうした中でも意見を「まとめ」なくてはならない。コトは簡単ではない。

①　まずは当たり前の手順であるが、「まとめる」ためには地域や家庭で話し合う機会を持つことが大切である。地域にも家庭にも、世代的な反発や子供の有無による対立、住民間での地域的こだわり（昭和や平成の合併時の集落間での恨みつらみなど）などが多く存在する。学校統廃合の場合でも、世帯の中でさえ時に意見が分かれるものだ。老親は自分たちが通った学校がいくら少人数になろうとも地域からなくなることに難色を示す。しかし外から来たヨメたちは子供の教育環境を優先して早期の統合を希望する。一家が必ずしも一本ではないのだ。だからこそ、まずは話し合ってもらうことが肝要である。

②　次いでアンケートやヒアリングなどが地域の意向を「まとめる」手段としてよく使われる。特にアンケートは王道のような響きがある。しかし注意すべき点は少なくない。

役所は、まずはアンケートを実施して地元要望を把握しようとするのが一般的だ。しかしアンケートで問う前に、住民間で議論を重ね、多くの先例や情報を咀嚼したうえでの判断を求めなければならない。「日本人というのはとかくムードに流されやすい。性急さは危険である」。そう指摘する行政職員もいる。

3章　廃校活用の諸制約とその超え方

　またアンケートを一戸一枚とするのも考えものだ。アンケートを受け取った老親が一人で記入して返送するなどといったことが往々にしてある。だが特に学校問題といった課題に関しては、上述したように家族の意見は必ずしも一つとは限らない。

　アンケートの質問項目も、それによってかなり地元要望の誘導ができることは、アンケート方式の内在的な欠陥として指摘されるところだ。もし役所としてのアイデアがあるなら、当初からそれを付記したうえで、住民の反応を確認すべきである。これは役所の押し付けではなく、情報の少ない地元への情報提供・情報公開の一環と考えてよいからだ。
③　地域としての意見を最終的に「まとめる」場合はどうするか。基本的には当地の自治会あるいは校区が決めるべきものだろう。ただ地域には関係団体やグループは重層的に存在している。PTAもあれば文化サークルの会、スポーツの諸団体などもある。その一つひとつの意見の反映も求められよう。

　住民主体のまちづくりを進めることで、全国的に知名度があるのは愛媛県の内子町である。そこでは自治会が中心の地域運営が行われて久しい。この内子町で生じた4校の廃校活用に当たって行政は、こういうスタンスを取っている。「まず廃校活用のアイデアを地元の自治会に相談します。1～2年して案が出てこない時に初めて、行政としてのアイデアを提案することになります」（222頁）と。

　地域の「まとめ」は、その地の住民や諸団体の意向も含め、地域自治会でなされることが望ましいとの立場である。タタキ台の最初の作成責任は行政にあるという原則とは異なるが、参考とすべきスタンスであろう。

⑶　第3段階は、まとまった地元意見を行政に「提案」することである。地域で議論され、まとめられた意見要望はきちっと形あるものとしなければならない。地元の自治のルールに基づいた、責任ある校区・自治会の案とすることである。その留意点をいくつか、先例に基づいて掲げておく。

　①　「提案」は議論の蒸し返しや意見の食い違いを避けるため口頭ではダメだ。文書での集約を図ることが大切である。文書であるのが有効な

73

のは役人の世界だけではない。地域でも大事なのだ。そしてまとめられた地域の「提案」の表明先は、行政の代表者（首長、教育長）に提出することが大切である。地域の責任者から責任者へ。こうした場の設定は、地域全体へのけじめのメッセージとして位置付けるためにも肝心である。

②　その際、地元の代表者と行政の代表者とが一堂に会してのイベントには、マスコミも同席させるのが効果的だ。趣旨説明の記者会見も行い、地元提案の意図を丁寧に説明するとともに、それを受けての行政としての方向を明確に表明する。行政広報誌などと違い、一般紙などでのニュース記事は地域に圧倒的な浸透力を持つ。マスコミへの露出は、廃校活用プランのイメージを浸透させるとともに、情報公開としての実績にもなる。

③　なお補足すれば、地域からの行政への提案書については、事前に行政の担当者と地域の責任者で調整を図る機会を持つこともあってよい。「荒唐無稽な要求」であっては行政も地域も混乱し、後で双方ともに住民の信頼を失ってしまうからである。またその際、要望の内容がひとり廃校の活用策に限らず、地域全体の活性化策に及ぶことがあっても何の問題もない。むしろ大事な提案と受け止めるべきだろう。

④　ただ留意すべきことは、こうしてまとめられた地元の意見要望であっても、その意向に行政が全面的に拘束されるものではないということである。言うまでもなく行政は住民の意向をベースにするが、財源措置や市全体の施策間の優先順位などを勘案しなくてはならない。議会の審議もある。最終決定は行政（首長）がするものなのだ。その辺りの行政の責任と主体性の所在を曖昧にすることがあってはならないだろう。

　以下に実際に提案された地域からの要望書をサンプルとして掲載しておく。学校の統廃合を巡って田原市に出された岬３校区会長の連名の要望書である。

3章　廃校活用の諸制約とその超え方

田原市へ岬3校区からの「要望書」

平成25年10月28日

田原市教育委員会教育長　様

コミュニティ協議会会長（3校区連名）㊞

和地小学校、堀切小学校、伊良湖小学校の再編について（要望）

　朝夕、日ごとにしのぎ易くなり、貴職におかれてはますますご清栄のこととお慶び申し上げます。さて本年5月に田原市教育委員会の方針に沿い、示されたたたき台について各校区において意見交換を行い、アンケート調査を実施し、住民や保護者の意見を聞き、協議を重ねてまいりました。その結果、将来を担う子供たちの安全対策と教育環境の充実を図り、和地、堀切、伊良湖地区一体となって、地域の教育環境を支えてまいることとしました。つきましては、岬3校区の共通した総意として、別紙のとおり要望いたします。

要望

1　和地小学校、堀切小学校、伊良湖小学校を平成27年4月1日に統合する。

2　統合の形式は新設とする。

3　一時的に和地小学校の施設を使用する。

4　新小学校は、防災面などを考慮し渥美運動公園周辺に建設する。

5　現校舎の跡地利用は、地域と田原市が検討し、良好な利用管理体制を築く。

6　児童の登下校に関しては、遠距離の児童はスクールバスで運行する。部活動、土日曜日の活動も考慮し、臨時便など融通性のある対応をとる。（以下7〜10は省略）

　今後、上記の他、具体的内容について、追加補足的要望や詳細要望が地域や保護者から提出されたら、民意を尊重し十分に汲み取っていただきたい。また、各関係学校の意向も活かされるよう、十分協議してもらいたい。

住民の意向を反映させた廃校活用例

　以下に地元(住民)の意向を受けて進められた、廃校活用の先行例を3ケースほど示しておこう。故郷の誇りと歴史を残そうとした三ヶ日みかんの里資料館(例1)と京都市学校歴史博物館(例2)、Uターン者が廃校への愛着を地域の未来につなげようとする佐渡市の学校蔵プロジェクト(例3)の3ケースである。

(例1)　　三ヶ日みかんの里資料館(浜松市)

　浜松市の三ヶ日は「三ヶ日みかん」の全国ブランドを持つ地域である。しかしその地域での小学校(分校)が平成11年に廃校となり、その後「みかんの里資料館」としてオープンした。館のパンフレットにはこう謳われる。

　「全国に誇るみかんのブランド、三ヶ日みかん。「みかんの里資料館」は廃校となった分校の校舎を使用し、みかんの歴史や文化などの情報発信基地であるとともに、訪れた人が地域や三ヶ日みかんについて楽しく学ぶ場所として位置づけられています。また、地元有志による活動組織が、四季を通じてみかんにちなんだ各種イベントやみかんや農業に関するいろいろな講座も開催。三ヶ日みかんの歴史が詰まった当館へぜひお越しください!」(施設案内HP)

旧大福寺分校　三ヶ日はどこまでもみかん色である。

施設はこじんまりした平屋の校舎

平成11年３月、小学生が減少した三ヶ日町立西小学校大福寺分校が廃校になる。只木地区の１年・２年生だけが通う分校であった。

校舎は床面積256㎡の平屋建てである。平成17年12月〜18年９月に整備し、平成18年10月開館。資料館は受付とみかんの教室、ふるさと農業資料室で構成。みかんの教室は三ヶ日のみかんの歴史、栽培方法、選別機械等が展示。ふるさと農業資料室はかつての古い農機具が展示される。

廃校及び活用案決定の経緯

平成11年の廃校を受けて当時の三ヶ日町（その後浜松市と合併）は、町議会から利用方法が議題として提出された。平成14年に静岡県は田園空間博物館事業基本計画（地域全体を博物館と考え地域社会に貢献する事業計画）を策定する。「みかんの里資料館整備」はこの田園空間博物館事業のコミュニティ施設整備に含まれた計画となった。この県の事業に参画する方向で地域住民の意見は集約されていく。平成14年夏頃から地域では「ワークショップ」がスタートする。自治会代表者、農家、農協女性部などから７〜８名のメンバーで構成。約２年間の検討期間を経て、廃校活用（改修）による「みかんの里資料館」の整備が地元の意向として決定したのである。三ヶ日の地域の、みかんの里としての誇りと伝承を示す強い姿勢がそこにはある。

地元では、地域のこじんまりとした分校がそのまま残ったことについて、「地域住民にとっては愛すべき学校で存続は嬉しい限り」、「ノスタルジックな農機具などが何とも懐かしい」等の声を聞く。

管理運営は地元のシルバーさんたち

館の管理運営は基本的に行政（浜松市産業部農地整備課）が担当する。しかし実際の運営は地元のシルバー人材センターに委託されている。シルバー人材センター内の、主に教師OBで構成されている「郷土を語る会」のメンバー９名である。館長もこのメンバーの

中からローテーションで担当する。三ヶ日みかんの由来や郷土の歴史に詳しく、来場者の質問に対応できる人材として採用されたものである。

ちなみに利用者は平成27年6月現在で通算30,000人を超えた。開館以来約10年であり平均年3,000人の来館者数である。特にみかんということで、花が咲く5月と収穫の11月〜12月の土曜、日曜日の来館者が多い。利用者は家族連れが多く、三ヶ日町の小学3年生は全員、みかんの学習体験の場として来館。当館の南側に早生みかん、紀州みかん、青島みかん、レモン等が数本植えてあり、小学生の学習体験に一部提供されている。

そして隣接して三ヶ日交通公園が設置された。子供たちがサイクリングの練習をする施設だ。これもみかんの里資料館と連動し、家族連れの誘客に役立っているといえる。

もっとも幾つかの課題はある。その一つは経費である。平成26年度決算でみると、施設管理費などの支出総額は2,630千円。しかし収入は施設利用料を無料としているから0円である。コスト負担の是非については、平均月250人という入場者数とも関連し、今後は議論が続くことは避けられない。

〈三ヶ日みかんの里資料館〉
〒431-1411　静岡県浜松市北区三ヶ日町福長70-20
℡ 053-524-3751

3章 廃校活用の諸制約とその超え方

（例２）　　京都市学校歴史博物館（京都市）

旧開智小学校　正門は150年の風格をもつ。

施設の正面は歴史を伝える門構え

　京都市での近代教育の歴史は古い。明治維新直後の明治２（1869）年に、日本で最初に番組小学校と呼ばれる学区制の小学校が64校造られた。そのうちの開智小学校（明治２年に下京第11番組小学校として開校、平成４（1992）年閉校）の施設を改修整備して開設されたのが当館である。正門を含め外観などについては最小限の改修にとどめている。その上で展示室・収蔵庫の整備、エレベーターの新設など博物館としての機能を整えた。平成10（1998）年に開設され、京都の番組小学校に関する資料を始め、京都市の学校に遺された教科書や教材・教具などの教育資料、また卒業生などが学校に寄贈した数々の美術工芸品が収集・保存され展示されている。

市を挙げて京都の学校史を残そうとの気運

　京都市では、昭和33年をピークに児童数の減少傾向が顕著となった。最初の廃校は昭和48年から始まる。校舎の存続をどうするか。また京都市の学校は優れた絵画、書、彫刻、書物、歴史的な道具等々を所有しており、その今後をどうするかが大きく問題となった。

　そこで市はその将来方向の検討を本格化した。平成７年11月に京都市学校歴史博物館（仮称）基本構想委員会を設置したのである。

そして翌年1月には答申を出す。平成10年10月に京都市学校歴史博物館が開館。初代館長には上田正昭京都大学名誉教授が就任した。歴史学の権威であり、地域としての京都の学校とその歴史に対する強い思いを示すというものだ。

　京都市学校歴史博物館はスタートに当たって3つの基本コンセプトを掲げた。

・　京都は日本の学区制小学校の発祥の地であることを示す。
・　番組小学校はまちづくりを考える原点であることを示す。
・　学校を支えた地域社会の情熱を未来に引き継ぐ。

また学校歴史博物館としての3つの展示対象も決めた。

・　明治の番組小学校を中心に平安時代から現代までの資料。
・　地域は明治の上京、下京を中心に京都市全体の資料。
・　事物は教育に関わる教材、教具、玩具、美術工芸品、民族資料、古文書等。

　こうした学術的な内容により施設が運営されているが、地域からの一体感は強く、地域コミュニティの意見も十分に反映されている。自治会館、消防分団事務所、役所の出張所も敷地内に設置されている。さらにグランドも地域住民の運動場として利用されているのだ。

番組小学校は京都の誇りとアイデンティティ

　番組小学校という学校群の仕組みはもともと、国がつくったものではない。明治維新で皇居が東京に移り、まち全体が沈んだ雰囲気に包まれていた京都。その衰退を防ぐために未来を担う人材を輩出しようと人々が立ち上がり、自分たちの寄付で造った学校である。日本初の体系だったカリキュラム導入（明治4年）も行われ、学校教育の起源ともいうべき事業であった。京都市民の教育の骨組みを作ってきた学校であり、それだけに京都の誇りとエネルギーが詰まった校舎といえる。番組小学校の存続は地域住民の誇りとアイデンティティの重要な一つとなっていたのである。

3章　廃校活用の諸制約とその超え方

〈京都市学校歴史博物館〉
〒600-8044　京都市御幸町通仏光寺下る橘町437
TEL 075-344-1305

(例3)　　　『学校蔵』　プロジェクト（佐渡市）

　ここでは、地元企業者による廃校の企画案を採用したケースを紹介しよう。新潟県は佐渡市の酒蔵づくり、「学校蔵」プロジェクトである。プロモーターは平島健（尾畑酒造㈱社長）と尾畑留美子（尾畑酒造㈱専務、真野鶴五代目蔵元）の夫妻である。平成11年に東京からUターンし、廃校となった地元の西三川(にしみかわ)小学校での起業と地域おこしに着手するのである。

旧西三川小学校　丘からは「日本で一番きれいな夕日」が見える。

「日本で一番きれいな夕日が見える」小学校

　新潟県佐渡市は人口6万人弱。そこの西三川小学校は木造校舎で趣があり、その丘からは「日本で一番きれいな夕日が見える」と地元の人たちの誇りである。校舎は昭和30年に建築され、平成22年3月に廃校となった。

　「旧西三川小学校校舎を有料で3年間お貸しします」
　平成23年1月に佐渡市は市の広報にこう広告を掲載した。
　「旧西三川小学校校舎を有効に利活用するため、施設を利用される団体へ有料で3年間お貸しします。ご希望の方は、1月28日まで

に利用計画書などを添えて申請してください。

　　対象施設　　旧西三川小学校校舎（平成22年3月末、閉校）
　　建物概要　　校舎（昭和30年5月建築）、木造2階建、
　　　　　　　　延床面積1,200㎡

　貸付け条件
　　①　一括利用を原則とします。（利用計画の内容により一部利用も可とします）
　　②　貸付料の年額は、「土地評価額の100分の5」と「建物評価額の1,000分の6×12か月」とします。
　　③　貸付期間は原則、利用開始から3年間としますが、期間の更新をすることができます。
　　④　施設における光熱水費と維持管理費は、利用者の負担とします。
　　⑤　施設は現状での貸し出しとします。」

Uターン者の意気込みに地元も賛成

　この募集に平島・尾畑夫妻は呼応したのである。西三川小学校を存続させたいという思いに地元も大いに賛成する。そして「尾畑酒造の酒蔵として廃校を利用」という活用方法が採用され、スタートするのである。年間の家賃を佐渡市に支払い、内装設備（蔵として使えるタンクの設置等）は自費で改修。酒の名前も『学校蔵』と命名し、平成26年から販売も始まっている。

　「"日本で一番夕陽がきれいな小学校"と謳われた学校が、佐渡の旧真野町の海沿いの丘に佇んでいます。惜しまれつつも2010年に136年の歴史に幕を閉じた旧西三川小学校。この学校との出会いは2004年、佐渡が10市町村の合併により1市となった後に組織された佐渡市学校教育環境整備検討委員会の民間委員に委嘱された時に遡ります。（中略）西三川小学校は既に廃校の方針が確認されていたのですが、この「学びの丘」がなくなってしまうのが残念でならないと、その当時、強く感じました。それから4年後、廃校後に西三

3章　廃校活用の諸制約とその超え方

川小学校の生徒たちを受け入れることとなっていた真野小学校PTA
会長を拝命することになり、「学びの丘」と再会を果たします。統
合に向けた交流事業や会議で同校を訪ねる機会を何度か得たので
す。最初に『学校蔵プロジェクト』を思い描いたのはこの頃でし
た。漠然とではありますが、もし学校に再利用への道がなく、朽ち
果てていく運命にあるのなら、自らの手で再生したいと考えたので
す」。(尾畑酒造㈱代表取締役社長　平島健HP)

　地元自治体の決断と一組の夫婦の挑戦とが、地域の活力と楽しみ
を生むことになるユニークな例といえる。尾畑さんらは東京で働い
ていた頃の出版や映画宣伝での経験や広い人的ネットワーク、イン
ターネットを駆使し、国内外との交流を進める。

　この「学校蔵プロジェクト」は4つの未来像を掲げ、長期的な視
点も持つ。もちろん酒が中心である。しかし加えて、①酒造りの学
び、②地域産物の利用、③酒を軸とした交流拠点、④朱鷺の舞う環
境の島ならではの酒造り、を掲げている。

　自治体も低予算で廃校が活用できること、地元も楽しめること、
会社としても収益を産めること。皆がwin-winの関係となると期待
される利用方法なのだ。地元の人々も校庭周辺の桜の木の下での花
見(酒盛り)を楽しみにしているという。

　尾畑留美子専務はこうも言う。「単なる廃校利用にはしたくない
と思っています。廃校活用で地域に化学反応が生じることを期待し
ているのです。確かに行政の人はなかなか動きません。しかし潜在
的にやる気のある人はいます。役所は市民のアイデアに"巻き込ま
れること"を望んでいるのではないでしょうか」。

　地元への愛着と廃校活用者の利益確保が可能なアイデア。そのこ
とを自分たちの手で創造していく、注目される取組み例と言ってよ
いだろう。

　なお佐渡市に20ほどの廃校が生じているが、その幾つかは取り壊
し、現在活用しているのは3校である。学校蔵以外の一つはNPO

83

が移住者のための場所作りに、もう一つは地元自治会が簡易宿泊所として活用している。

〈真野鶴醸造元　尾畑酒造株式会社〉

〒952-0318　新潟県佐渡市真野新町449

℡ 0259-55-3171（代）

2　行政サイドでの制約とその超え方は？

さて一方で、廃校活用策の検討や実施の過程で、役所（市町村）サイドの中での留意点や問題点は何か。またそれをどう克服するか。そのノウハウを考えてみたい。

慢性的カネ不足と国や県からの補助金活用

何よりも自治体サイドの廃校活用に向けての最大のネックはカネ（財源）のないことである。長期の景気低迷による税収減と、少子高齢化などの進行による行政ニーズの拡大で、大半の役所は慢性的な財政困窮状態にある。

①　それだけに廃校の転用が検討されるならば、この施設に関わる助成制度は当然ながら有効に活用されてよいだろう。転用施設の改修に対する補助等については、一覧を2章③3に掲載した（61頁）。これら以外、時の内閣が提唱する地域創生事業のような仕掛けも登場する。こうした動きについては常に注意していたいものである。

②　上記の一覧は国の各省庁での制度であるが、もちろんこれ以外にも都道府県の補助制度もある。例えば上勝町の落合複合住宅の転用に当たっては、総額1億9,930万円の改修費が必要であった。そのうち、国の地域活動創出プランで87％が補助された。その一方で、徳島県の市町村星座づくり事業として12％（2,490万円）の補助を受けている。その結果、上勝町の負担は1％弱となった。また浜松市のみかんの里資料館の転用の場合では、改修総額が1,748万円。そのうち国が50％を負担し、静岡県が田園博物館整備事業として25％を負担している。そして当事者の浜松市は残りの25％を負担した。

84

③　各都道府県にいかなるメニューがあるか。それについては都道府県の動向に常に注目し、個別に調整するほかない。いずれにせよ、活用できる制度はしっかり活用すればよい。しかしその際、どうしても国や県の意向に迎合するような形になってしまうのが現実だ。それだけにまずは自分たちの立場に立った活用策をイメージする。その座標軸の中にうまく補助金を流し込んでいくことを工夫したいものである。「ちょっとしたゲーム感覚でやってもよく、国や県にそうした仕掛けで補助金獲得を楽しむしたたかな職員もいますよ」とは、ある自治体で耳にした言葉である。

④　もう一つ考えてよいのは企業など民間資金の活用である。廃校を企業誘致の対象としている兵庫県の養父市のような例（156頁）もある。先に見た佐渡市の学校蔵プロジェクトもその一例と見てよいだろう。国や県の補助金の枠だけにとどまらずに発想を広げ、民間資金の活用の道も工夫すべきなのである。

自治体の廃校活用策づくりでの工夫

さて、財政問題はさておいて、役所が持つ体質的な制約について考えてみたい。昨今どこの自治体も少子高齢化での閉塞感や長期の景気低迷で、萎縮感が漂っていることは否定できない。しかしそれは行政の内部の事情だ。住民からの要望や仕事は待ってくれない。新たな行政ニーズとしての学校統廃合や廃校活用策は、目の前にやってきているのである。やるしかないのである。では今の世、役所がインセンティブを持つにはどうしたらよいか。

①　まず大事なのは何よりも、少子化による学校問題や高齢化が進む地域の衰退について、客観的な状況を知ることだろう。すなわち役所が危機感を持つことである。地域の多くの人には不安と不満がある。行政への期待がある。それをまずは感じ取ることが肝要である。それには２つの方法がある。１つは街に出ることである。ちまたでの生の声を直に聞く。もう１つは全国の動きを知ることである。廃校活用に限っても全国に散らばる1,000件を超える事例がある。それを見聞する機会を持つことだ。

しかし昨今の役所はとかく腰が重いといわれる。財政難や住民の意見対立から仕事の煩瑣化を警戒し、痛い目に遭うことを回避しようとする。

85

スマート主義と言って良いかもしれない。だがこれは避けたい。そのためには各地の現状を多く知ることを心掛けたい。例えばある他県の自治体に出張したとしよう。その時に近隣に優れた廃校活用の取組み例があるとすれば、もう一泊してそこへの視察に充てればよい。状況を知るということは貪欲になるということだ。そうした点では、全国に蔓延する「行政の出張＝ムダな遊び」といった風潮は危惧されるというものだろう。

② 次いで役所内での仕事の進め方について、その手順を整理することである。とかく仕事の増えることを警戒するのが昨今の役所の風潮であるとすれば、仕事の増量感をなくせばよいのだ。例えば既存の行政課題とのリンクである。田原市の場合、廃校活用を津波対策とリンクさせて廃校後を津波避難マウンドとしての「命山（いのち山）」にしようと決めた（181頁）。言わば「１＋１＝３」とする工夫である。

　ただそうした総合的な施策展開を困難にするのは、昔から指摘される役所の中でのセクショナリズムである。それを超えた政策のリンクのためには、日常的な庁内での研究会、討議の場、外部コンサルタントの活用などが工夫されてよいのである。

③ 同様な視点になるが、廃校活用を考える場合でも、ただ学校統合の後始末と捉えるのでなく、地域全体の活性化のきっかけプロジェクトになると捉えることが肝要である。例えば東栄町（愛知県）の「のき山学校」への廃校活用が良い例（91、147頁）だろう。ヨソからやってきた和太鼓集団のチエと行動力を、地域の文化交流やコミュニティ交流の起爆剤として捉え、思い切って指定管理者に委託している。そのまちの個性づくり、元気づくりの視点に立脚しているのである。そうしたプロジェクトのプロモートこそ、行政としての楽しさであり醍醐味と知るべきだろう。

④ それにつけても新規事業のプロモートに不可欠なのは、首長らのリーダーシップである。ことなかれのスマート主義に入り込んでいる今の役所の職員たちの多くは、とりわけトップの顔色を見て仕事をする。そうならそれでトップの"威光"を活用すればよい。何と言っても廃校活用は自治体にとっては大事業である。新企画への積極性と、各部各課

3章　廃校活用の諸制約とその超え方

をつないでの総合性の確保には、トップや管理職の前向き姿勢が不可欠なのである。学校の廃校活用も決して教育委員会や一企画部門の仕事だけではない。企業誘致、農業、観光、人口増、文化スポーツ、コミュニティといった各課に及ぶのだ。それだけに首長たちのセンスとリーダーシップは今の世、とても大事になる。地域全体の将来像をしっかり持つこと、それをしっかり職員に浸透させること、この点は首長の責務として強調しておきたいものである。

⑤　さらに一言。既に述べてきたことと重なるが、廃校活用のケースの場合、アイデアの地域への提示・提案は積極的に行うべきものと考える。廃校活用は、近年では珍しい典型的な「公」と「民」との協働の作業であり、地方自治の基本形とも言える課題である。それだけに合意に大切なことは、早めの情報提供や情報公開だ。思わぬ知恵が地域サイドから出されるケースもあろう。

　例えばネーミングなどもその一つである。しゃれたネーミング（学校名、施設名、プロジェクト名）の提案一つで地域の雰囲気が一挙に明るくもなる。遊び感覚も議論の場には意外と有効（コトバの触発性、結集軸性を大切にする）である。いやネーミングというのは思いの外、キーワードとなるかもしれない。昭和の合併でも平成の合併でも、失敗したのはその多くが市名を巡ってであった。こうした点も頭の中に残しておきたいものである。

　それにしてもネーミングを含め、役所としてのアイデアの提示・提案は時に爆弾になることも承知しておかなくてはならない。「上からの押しつけだ」という地域からの抵抗や反発の想定と、最終的な落とし所というものは、役所としてしっかり作っておくことが肝要である。

行政の意向が主で実行された活用事例

　以下には行政の意向を基礎に進められた、廃校活用の先行例を2ケース示しておこう。葉っぱビジネスで有名な徳島県上勝町の、Uターン者向け落合複合住宅（例1）と、東栄町（愛知県）が取り組んだ体験交流館のき山学校（例2）のケースである。のき山学校は、ヨソから来た和太鼓集団のチエとエネルギーを採用した地域の村おこしの好例と言える。

87

（例１）　　上勝町・落合複合住宅　（徳島県上勝町）

上勝町は四国で一番小さな自治体

　上勝町は徳島県の山間に位置し、四国で一番小さな自治体と言われる。人口は約1,700人。「葉っぱビジネス」で年1,000万円を稼ぐおばあちゃんもいると話題となった、様々なまちおこしに工夫を重ねる地域である。「葉っぱビジネス」は、横石知二㈱いろどり社長が創業し成功した取組みであるが、平成24年には『人生、いろどり』（出演　吉行和子・中尾ミエ・富司純子ら）と映画化までされた。

　子供の数は少ない。全町で小学校も中学校も１校である。平成26年度の小学校の在籍数は51人、中学校は27人だ。平成11年３月に上勝町立の福原小学校が廃校になる。鉄筋コンクリート造３階建。延床面積1,328㎡、敷地面積2,764㎡。そこを活用し平成12年10月には落合地区で町営の複合住宅としてオープンしたのである。使い道は以下の通りである。

　１階：賃貸事務所スペース（５室）
　２階～３階：賃貸住宅（８戸　全て間取り可変型１LDK）
　校庭：利用者用駐車場（47台）

旧福原小学校　改修費に１億9,930万円をかけた。

人口を少しでも増やしたいとの思い

　上勝町の人口減の進み方は大きく早い。平成元年には2,752人であったものの平成26年には1,705人になっている。４半世紀でほぼ４割の減少となっているのだ。過疎化に対する地元の危機意識は高

い。

　福原小学校の活用については、平成11年３月の廃校に遡る２年ほど前から地域住民と協議会で話合いを持つ。廃校を進める説明と同時に廃校後の活用も話し合われてきたのだ。その中で当然のように、人口を少しでも増やす活用をしようとの方向が受け入れられた。人口減に悩む地元は、廃校を利用した定住促進には協力的であった。町営賃貸住宅、町営賃貸事務所としての利用が決まり改修予算も決定。平成12年10月には落合複合住宅がオープン。利用方法の検討、改修費用決定、改修工事期間などを考えると、実質一年半でのスタートは異例の速さといってよいだろう。

　改修の財源は全部で１億9,930万円。内訳は起債（地域総合整備）で14,940万円、臨時経済対策事業で2,380万円、県補助金で2,490万円などとなっている。町の一般財源は120万円で１％未満である。いくら人口増加策が町の命題であるとはいえ、もし自前のカネで負担するとすれば、とても担える額ではないだろう。

Ｉターン、Ｕターン者で満杯状態

　複合住宅となった活用後の評判はどうか。

　入居者サイドでは、オープン当初から現在まで入居している人もおり評価は良い。低価格な住居の提供はＩターン、Ｕターン者には嬉しい施設となっている。駐車場は校庭を利用しており、広くて使い勝手が良い。特に独身者のＩターン者、Ｕターン者が増えていることが注目される。そこで行政としては、単身者仕様の住宅を増やして行きたいとの意向を持つほどになっている。ちなみに上勝町での町営住宅は全部で100戸ほどあるが世帯仕様が多いのだ。

　住民サイドでは地域に校舎が残ったことで満足度は高い。また校舎の改修に当たり、町内産の杉材をふんだんに使い改修されている。このことも地域の大切な心の拠り所を再認識されたものとして好意的に受け止められている。

　もちろん行政サイドとしてみれば、人口減少に少しでも歯止めを

掛けようと努力しており、それへの一定の成果を生んだものとホッとしている。もっとも全国の自治体に言えることであるが、上勝町に志をもって入り込んだ人の中にも、地元になじまず離れていくケースもある。また起債の返済も続く。課題は将来に及ぶのだ。

廃校活用にとどまらず就職の配慮も

　平成20年以降、上勝町の移住者は毎年20～30人、世帯数で10～20戸となっている。

　ちなみに入居者のＩターン、Ｕターン者にとっての最大の関心事は「就職」である。上勝町では廃校の利用を定住促進活用の一つに決め、定住者には雇用の機会を与えようとしている。例えば空き家活用や起業家育成を目的とした第三セクターをスタートさせている。既に5つの会社がスタートしており、葉っぱビジネスの「㈱いろどり」もこの第三セクターの一つである。その他に、町内の観光拠点として宿泊・温泉施設の運営管理、特産品の販売等を行う会社の「㈱かみかついっきゅう」、町の主力品目であるしいたけの製造、販売、菌床の製造、研究、販売を行う「㈱上勝バイオ」などがある。注目したいものである。

映画『人生、いろどり』　平成24年に封切られ人気を博した。

〈上勝町役場〉

　〒771-4501　徳島県勝浦郡上勝町大字福原字下横峯3-1
　TEL 0885-46-0111（代）

3章　廃校活用の諸制約とその超え方

（例２）　体験交流館「のき山学校」（愛知県東栄町）

　のき山学校（体験交流館）は愛知県東三河の山間部に位置する東栄町の一角にある。町の人口は3,684人（平成26年）だ。

旧東部小　キャラクター「のっきい」は花祭りの赤鬼である。

「のき山学校」は木造２階建ての山里の学校

　「のき山学校とは、平成22年に閉校した旧東栄町立東部小学校を利活用し、地域内外住民の交流促進とともに観光の振興及び集落の活性化を図る目的で生まれ変わった木造２階建ての山里の学校です。正式名「東栄町体験交流館　のき山学校」といい、館内には東栄町図書室「のき山文庫」、「カフェのっきい」などの施設を備えています。講堂、グランド、各教室では、常設の体験イベントをはじめ、フリースクールなどの利用も可能。主な体験イベントは、石窯での手作りピザ体験、和太鼓体験、木工体験などがあります」（のき山学校・NPO法人「てほへ」HP）。

　廃校活用で校舎の姿は当然ながらガラッと変わった。１階の保健室は祭り部屋へ、そのほか１年生の遊び部屋、２年生の自然部屋、３年生のフリールームへと変身。理科室は「カフェのっきい」へ、図工室は東栄町図書室へと変わったのだ。もっとも２階は古いまま保存され未改装である（平成28年現在）。ちなみに「カフェのっき

91

い」は全部で30席。10時〜16時開店、水・木曜定休日、Uターンの女性パティシエが活躍中。さらにIターンの女性2名がスタッフに加わって運営されている。

廃校及び活用案決定の経緯は？

東栄町の人口は平成2年で5,441人であったが、平成26年には3,684人へ。4半世紀で3割以上の減少となった。そのことによって学校の統廃合は早期に進められた。関連する学校統廃合の経緯をちょっと細かく見ておこう。

平成2年：東薗目小学校が廃校になり、東部小学校がスタートする。

平成22年：更なる少子化でこの東部小学校も東栄小学校に統合され廃校になる。

平成26年：この東部小の校舎を活用し、地域の内外交流促進＋観光振興＋集落の活性化を目的に「のき山学校」として開校。

平成27年：校舎内に「カフェのっきい」と東栄町図書室がオープン。改修費用は2,712万円（国庫支出金、地方債を充当）。

この決定までのスピードも速い。町長の決断と行動力がこれを進展させたのだ。そこには人口減の進行に対する行政としての危機感と、地域活性化に有効な「志多ら」和太鼓集団への期待感がみえるというものである。

ちなみに東薗目小学校（東部小の前身）利用のそもそもの発端が面白い。当時廃校活用方法に悩んでいた学校長がたまたま、「志多ら」の代表がTV番組に出演し「活動拠点を探している」という話を聞きつけ、廃校利用を働きかけたことによるのだ。そうした点からも、東栄町の行政の前向きさが今日の縁を作ったと言ってよいようだ。

さらに東栄町の町長は町議会でもこう表明している。

「私の政策のキーワードは「リユース」。意味は「再使用」「もったいない精神」です。よく何度でも使える「風呂敷」に例えられますが、近年の大量消費とは違い、物や資源を大切に使う事で財政の無駄を省き、地域再生を図る事であります。建物は新築でなく改修、道路も旧道を拡幅し、無駄な財源を使わないように工夫していますので、箱物とはひとくくりにしないで頂きたいと思いますし、私のアピールポイントであり、この事は国・県でも相当の評価を頂いております。

　また、その管理・運営も、指定管理者制度を利用して、地元に委託して、全てのお金が地元に回るように、現在の地域資源を有効に再活用して、豊かな循環型の社会の実現を図ることでもあります」（平成26年12月町議会）と。この東栄町という自治体の、再活用へのスタンスは久しく一貫しているようである。

和太鼓集団「志多ら」とNPO法人「てほへ」が面白い

　「のき山学校」という廃校活用に当たっては、その管理運営を町から任されているのがNPO法人「てほへ」だ。この「てほへ」は団体人数26名で、「志多ら」（和太鼓集団）＋「志多ら」ファンクラブの面々＋地元住民が参画して平成22年に設立された。理事長は地元東栄町生まれだが、メンバーの多くは「ヨソ者」である。

　ところで「志多ら」って何ものなの？　そう口にする人は少なくないだろう。「志多ら」は知る人ぞ知るプロの和太鼓集団である。和太鼓メンバー8名、スタッフ7名。世界的な実力を有する和太鼓集団で海外公演も行っている。平成2年に「志多ら」は同じ愛知県の小牧市から東栄町に拠点を移住してきた。今は廃校となった東薗目小学校を練習拠点として活動し始めたグループである。この活動が「のき山学校」の源流となるのだ。

「志多ら」HPより

　東栄町と「志多ら」の交流は、平成6年の東栄町の祭り「花祭り」を手伝ってほしいとの要請が地元から挙がり、そこから本格化した。日常的な交流も重なり、東部小学校の廃校利用について「体験交流施設」としての運営を平成22年に行政から依頼される。よそ者の「志多ら」も当時で既に20年間東栄町に暮らし、すっかり地域の住民になりきっていたのだ。平成23年からは「のき山市(いち)」を毎年開催。平成25年からは「のき山学校ピカピカ大作戦」も始める。廃校から4年間、ワークショップ、市、教室等々を毎年開催する。「志多ら」のメンバーたちは、こうした活動実績と指定管理者の受託を機にNPO法人「てほへ」を立ち上げる。平成26年5月「東栄町体験交流館・のき山学校」が開校。この管理をNPO法人「てほへ」が担うのである。経常費用は993万円（平成25年度）である。

　ちなみに「てほへ」とは、"花祭り"という東栄町を含む奥三河の伝統行事（国の重要無形民俗文化財）で"てほへ〜、てほへ〜"と赤鬼が掛け声を上げながら舞うのが有名で、この独自の響きを引用して付けたという。

　のき山学校のキャラクター「のっきい」はこの赤鬼である。

　「のき山学校」は行政としての強い意向と、それに呼応したグループの創意とで協働される廃校活用の好例ということができよう。

　　〈東栄町体験交流館　のき山学校〉
　　〒449-0206　愛知県北設楽郡東栄町下田軒山13-7
　　TEL 0536-76-1722

3章　廃校活用の諸制約とその超え方

 法のしばりをどうクリアする

　廃校活用の用途については、教育関係への転用が7割であり、その他への転用が3割に及ばない。このことは先の文部科学省調査（平成26年）で明らかになっている（56頁）。他の用途への転用には種々のしばりがあり、教育関係へ転用するよりずっと煩瑣となるからだ。これが廃校活用へのハードルの第2である。
　本節では、廃校活用に際してどのような法的制約があり、それをどう乗り超えていくかについて、
　　1つは、都市計画の面での規制
　　2つは、財産管理区分の選択
　　3つは、建築基準法など、その他の各個別法への対応
　　4つは、具体的な施設転用に当たっての規制と対応
の4点について事例紹介も含めて説明していくこととする。
　もっとも「法のしばりを超える」といっても、もちろん脱法や違法の行為を推奨する訳ではない。法のしばりをいかに合理的にクリアするかとの工夫を示すものに他ならない。

1　都市計画の面での規制

　都市計画法に基づき、様々な法律上の規制があるが、ここでは同法の土地利用に関するものについて示していく。

(1) 都市計画区域

　都市地域において、適正な制限のもとに土地の合理的な利用を図るために、都市計画を定める地域として都道府県が「都市計画区域」を定めている（都市計画法5条）。そこでまず、当該地が都市計画区域に指定されているか否かを確認する。都市化が進んだ自治体の場合、市ないし町全域が都市計画区域に指定されていることが多く、その場合、「都市計画区域の整備、開発及び保全の方針」が定められている（法6条の2）。

(2) 市街化区域と市街化調整区域

　都市計画区域の中を、都市の健全で秩序ある発展を図るため、「すでに市街地を形成している区域及び計画的に市街化を図る地域」を『市街化区域』に、「当面市街化を抑制すべき区域」を『市街化調整区域』に区分している（法7条）。

　市街化調整区域で建築に際し、許可が不要なものは次のものである。
　①　農林漁業用施設、農業従事者の住宅（法29条1項2号）
　②　図書館、公民館、変電所等の公益上必要な建築物（同条同項3号）
　③　既存適法建築物に付属する建築物（車庫、物置等）（同条同項11号）

　上記以外は、原則として開発行為が許可されないが、次の2つの例のような制限列挙されたものについては、開発許可を受けて、新規に建設することができる（法34条）。

　例1：市街化調整区域における、主として当該開発区域の周辺に居住している者の利用に供する公益上必要な自己の業務の用に供する建築物（小・中学校、幼稚園、社会福祉通所・入所施設、診療所）（法34条1号、令29条の5）
　例2：市街化調整区域における、主として当該開発区域の周辺の地域において居住している者の日常生活のため必要な物品販売、加工若しくは修理その他の業務を営む店舗、事業場など（法34条1号）

　したがって、市街化調整区域内の廃校活用の場合には、開発許可が得られる施設か否か確認する必要がある。さらに許可に当たっては、法34条に関する許可基準、運用基準において、立地場所、建築物の規模等が定められており、詳細に照合する必要がある。

3章　廃校活用の諸制約とその超え方

(3)　市街化調整区域での開発許可

　この点について、いま少し言及しておく。というのは市街化調整区域の場合での廃校活用については、とかく問題になるからである。上の(2)で触れたとおり、市街化調整区域で許可なく開発行為ができるものは非常に限られている（法29条1項）。しかし一方で、市街化調整区域でも、法に列挙された開発行為であれば、許可を得ることができ（法34条）、これに即して廃校活用を進めることができる。

　許可を得ることのできる開発行為の中で、廃校活用として考えられそうなものを、一部、拾い出してみる。

【法29条1項2号→令20条関係】

・　一次産業の生産に直結する、畜舎、温室、サイロ等に類する、生産、出荷、貯蔵、保管のための建築物など

【法29条1項3号→令21条関係】

・　公園施設（令同条3号）

・　図書館・博物館（同条17号）

・　公民館（同条18号）

・　公共職業能力開発施設・職業能力開発総合大学校（同条19号）

・　公立の研究所・試験所・事務事業用建築物（同条26号）

【法34条1項→令29の5条関係】

・　学校、専修学校、各種学校（令21条26号イ）

・　児童福祉施設、社会福祉施設、更生保護施設（同号ロ）

・　病院、診療所（同号ハ）

【法34条2項関係】

・　観光資源その他の資源の有効な利用上必要な建築物

【法34条4項関係】

・　法29条1項2号以外の一次産業用建築物又は一次産業生産物の処理、貯蔵、加工に必要な建築物など

　以上、掲げたように、廃校活用の選択肢は広範にわたっており、この段階では法は制約とはいえない。施設活用を特定した時に、本章の後段に紹介するような建築基準法をはじめとする様々な制約が現れ、資金

97

的・人的措置が必要となってくる。したがって、活用を決定する際には、地域の将来にとって、それだけの資金を投入する価値があるのか、採算面で「公」がどれだけ支援できる腹積もりがあるのかなど、政策の選択が問われてくる。

　仮に、それだけの価値があると判断した時には、開発許可を得る段階で熱心に協議を進めることにより、数々の法的制約はクリアされていくと思われる。実際、３章で紹介している先進的な事例（みらい館大明など）の多くは、各々の困難な状況を乗り越えて、現在の姿がある。

(4)　地域地区　―施設ごとの立地可能性―

　施設の転用には制度上で多くの制約がある。

　都市計画法では、土地利用に計画性を与え、適正な制限のもとに土地の合理的な利用を図るため、都市計画区域内の土地をどのような用途に、またどの程度に利用すべきか定め、建築物の用途、容積率、構造等及び土地の区画形質の変更等に制限を加える「地域地区」を定めている。

　地域地区には、用途地域、高度地区、景観地区、臨港地区、防災地域など、様々な地域地区がある（法８条各号）が、用途地域は、市街地における建築物をそれぞれの用途ごとに適切に配置することにより、機能の混在を防ぐとともに良好な環境を確保しようとする制度で、土地利用計画の基本となるものである。

　用途地域は「第１種低層住居専用地域」から「工業専用地域」まで12種類に区分され、各地域に建設可能な建物を制限している（法別表２）。

　その内容は**図表３―１**に掲げるとおりである。

　この図表を見るとおり、小・中学校等は「工業地域」と「工業専用地域」を除く全ての地域で建設可能である。が、廃校活用で学校であることをやめ、他の施設として建設する場合には、当該施設がそこの用途地域に適合したものであるかを確認する必要がある。仮に用途制限がかかっている場合には、その施設を建設する前に、それに適合した用途地域の変更という都市計画変更の手続きが必要となる。

(5) 転用施設と都市計画変更

廃校利用の新たな施設がそこの用途地域で制限される施設であった場合は、用途地域の変更という都市計画変更が必要となる。

また、廃校活用の結果、新たな施設が教育文化施設以外の都市施設の場合、「都市計画施設の変更」という都市計画変更が必要となる。

しかし、2章**3**4で触れた「公立学校施設整備費補助金等に係る財産処分の承認」を得た場合には、廃校施設の転用等が認められたことから、「都市計画施設の変更」という都市計画変更には該当せず、その手続きも不要となる。

市街化区域での廃校利用では、廃校施設の多くがこれに該当し転用がしやすくなっているが、市街化調整区域の学校の活用では困難なケースも出てくる。

一例として、廃校となる学校の体育館を普通財産化し、NPOに貸付け、施設開放しようとする場合、廃校後の体育館を「集会施設」として利用することとなるが、集会施設は市街化調整区域では認められない。そこで、「地区集会所」として位置付けて利用しようとした場合には、建築物の延べ床面積が300㎡以下という基準があり、それをオーバーしている体育館の場合には用途変更ができないことになる。このような困難をクリアするには、2の「財産管理区分の選択」で述べるように、行政財産に戻して貸付けを行うなど、別の活用策を検討することも考えられる。

都市計画の決定権は、原則、市町村にあるが、一つの市町村の区域を超える広域の見地から計画すべき都市施設、若しくは根幹的都市施設として政令で定めるものに関する都市計画は、都道府県が決定・変更することになる（法15条1項5号、令9条2項）。

しかし、市町村が決定できる都市計画決定・変更も都道府県知事との協議が必要とされるため（法19条3項）、計画案は、知事との協議、関係機関との調整を済ませたのち、市町村の都市計画審議会に諮って決定することとなる。

図表3−1　用途地域内の建物の用途制限（概要）

例示：□ 建築可能　■ 建築できない　　※ 政令で特殊扱いされるもの

（表中　空欄＝建築可能、×＝建築できない、*＝政令で特殊扱いされるもの）

用途	第一種低層住居専用地域	第二種低層住居専用地域	第一種中高層住居専用地域	第二種中高層住居専用地域	第一種住居地域	第二種住居地域	準住居地域	近隣商業地域	商業地域	準工業地域	工業地域	工業専用地域
住宅、共同住宅、寄宿舎、下宿												×
兼用住宅（店舗、事務所などの部分が一定規模以下のもの）	*	*	*									×
幼稚園・小学校・中学校・中等教育学校・高等学校											×	×
大学・高等専門学校・専修学校等	×	×									×	×
図書館等												×
神社・寺院・教会等												
老人ホーム・保育所・身体障害者福祉ホーム等												*
老人福祉センター・児童厚生施設等	*	*										
病院	×	×									×	×
公衆浴場・診療所等												
個室付浴場業に係る公衆浴場・ヌードスタジオ等	×	×	×	×	×	×	×	×		×	×	×
ボーリング場・スケート場・水泳場・ゴルフ練習場・バッティング練習場等	×	×	×	*								×
マージャン屋・パチンコ屋・射的場・勝馬投票券発売所等	×	×	×	×	×							×
カラオケボックス等	×	×	×	×	×							
キャバレー・料理店・ナイトクラブ・ダンスホール等	×	×	×	×	×	×	×	×			×	×
劇場・映画館・演芸場　客席部分の床面積の合計＜200㎡	×	×	×	×	×	×					×	×
劇場・映画館・演芸場　客席部分の床面積の合計≧200㎡	×	×	×	×	×	×	×				×	×
ホテル・旅館	×	×	×	×	*						×	×
自動車車庫　2階以下、かつ、床面積の合計≦300㎡	*	*										
自動車車庫　3階以上又は、床面積の合計＞300㎡	×	×	*	*	*	*						
一定の店舗・飲食店等で当該用途部分が2階以下、かつ、床面積の合計≦150㎡	×	*										*
一定の店舗・飲食店等で当該用途部分が2階以下、かつ、床面積の合計≦500㎡	×	×	*									*
上記以外の物品販売店舗・飲食店	×	×	×	*	*							×
上記以外の事務所等	×	×	×	*	*							
倉庫（建築物に付属するものは、主たる用途で決まる。）　自家用で危険物を貯蔵しないもの　階数が2以下	×	×	×	×	*	*						
倉庫　自家用で危険物を貯蔵しないもの　階数が3以上	×	×	×	×	×	*						
倉庫業を営むもの	×	×	×	×	×	×						
畜舎で床面積合計＞15㎡・自動車教習所	×	×	×	×	*							
巡査派出所・公衆電話所・その他公益施設等	*											

3章　廃校活用の諸制約とその超え方

例示　■建築できない □建築可能 ＊　政令で特殊扱いされるもの	第一種低層住居専用地域	第二種低層住居専用地域	第一種中高層住居専用地域	第二種中高層住居専用地域	第一種住居地域	第二種住居地域	準住居地域	近隣商業地域	商業地域	準工業地域	工業地域	工業専用地域
税務署・郵便局・警察署・保健所・消防署　等（上記の公益施設を除く）	■	■										
工場等で危険性や環境悪化のおそれが非常に少なく、作業場の床面積の合計≦50㎡以下	＊	＊	＊	＊								
工場等で危険性や環境悪化のおそれがなく、作業場の床面積の合計≦150㎡以下	■	■	■	■								
工場等で作業場の床面積の合計＞150㎡又は危険性や環境悪化のおそれがやや多いもの	■	■	■	■	■	■	■					
工場等で危険性が大きいか又は著しく環境悪化のおそれがあるもの	■	■	■	■	■	■	■	■	■	■		
自動車修理工場で、作業場の床面積の合計≦50㎡	■	■	■	■	＊	＊						
自動車修理工場で、作業場の床面積の合計≦150㎡	■	■	■	■	■	■	＊					
自動車修理工場で、作業場の床面積の合計≦300㎡、日刊新聞の印刷所	■	■	■	■	■	■						
危険物の処理・貯蔵施設　量が非常に少ないもの	■	■	■	■	＊	＊						
危険物の処理・貯蔵施設　量が少ないもの	■	■	■	■	■	■						
危険物の処理・貯蔵施設　量がやや多いもの	■	■	■	■	■	■	■	■	■			
危険物の処理・貯蔵施設　量が多いもの	■	■	■	■	■	■	■	■	■	■		

○　建築物の敷地が2以上の地域・地区にまたがる場合の用途制限は、その過半の地域地区の制限により決まる。（建築基準法第91条）
○　3以上の地域等にまたがって過半のものがない場合は、地域ごとに「可」・「不可」を判断し、その過半で決まる。
○　用途制限に抵触はするが、建築物の用途や周囲の状況等を勘案して影響が少ないと考えられる場合は、特定行政庁による建築基準法第48条ただし書き許可の方策があるので、特定行政庁に相談すること。

（出所）「たばらしの都市計画」（平成24年4月田原市都市計画部）

2　財産管理区分の選択
—行政財産か普通財産か—

(1)　自治体の財産区分

　廃校が決定した場合、あるいは廃校活用案が決定した場合、当該施設の維持管理・運営上、土地・建物の所有形態をいかにするか、また経営形態をいかにするかを選択することとなる。それらを判断する前提として、まず、自治体の財産区分は地方自治法上、どのようになっているのか、また、それはどのような考え方に基づいているのか、について説明する。

自治体の財産は以下のように区分される。

1　公有財産　　(1)　行政財産　①　公用財産　②　公共用財産
　　　　　　　　(2)　普通財産

2　物　　品

3　債　　権

4　基　　金

　行政財産は自治体において公用または公共用に供し、または供することを決定した財産である。公用財産は、自治体が直接使用する財産で、庁舎や消防施設などが挙げられる。公共用財産は、市民が共同利用する財産で、学校、図書館、公民館、公営住宅、公園などが該当する。

　行政財産は、原則、「貸付け・交換・売払い・譲与・出資の目的とすること・信託・私権の設定」ができず（地方自治法238条の4）、一時的な使用を前提とした「目的外使用許可」のみ、許されていた。

　しかし、平成18年の地方自治法改正により、財産活用の観点から、行政財産の貸付けが緩和された。

　この改正により、行政財産である庁舎その他の建物及びその付帯施設並びにこれらの敷地に余裕がある場合、庁舎等の床面積又は敷地のうち、当該普通公共団体の事務又は事業の遂行に関し現に使用され、又は使用されることが確実であると見込まれる部分以外の部分がある場合、これを貸し付けることができるようになった（地方自治法238条の4第2項4号、令169条の3）。

　これにより、目的外使用許可が一時的な使用を前提とした制度であるのに対し、廃校活用も含めた行政財産の長期的・安定的な利用が可能となった。

　一方、普通財産は、行政財産以外の公有財産を指し、前述の「貸付け・交換・売払い・譲与・出資の目的とすること・信託・私権の設定」をすることができ、経済的価値の保全発揮を通じて、自治体の行政に間接的に貢献されるべき性質の財産である。

　近年、公有財産の適切な維持管理や更新が求められる中、全国的に地方公共団体の健全な財政運営が求められている。

3章　廃校活用の諸制約とその超え方

　それを受けて、多くの自治体で、未利用財産（未利用状態の行政財産）や遊休資産（事業用財産・貸付財産以外の普通財産）の利活用を推進するため、財産活用に関する方針・指針が示されている。指針の一般的な例では、未利用財産について利活用を十分検討し、それでも利用見込みのない行政財産については普通財産化し、譲渡や貸付けをし、それもできない場合は他の処分方法を再検討する、といった基本的な考えが示されている。

(2)　**廃校施設に係る財産区分選択の考え方**

　財産活用に係る基本的考えは、廃校活用についても基本となる。校舎・校庭等の財産区分を行政財産のままとするか、普通財産とするかは、それぞれのケースに応じて、財産管理者が適切に決定すべきことであり、一般基準と言えるようなものはない。

　廃校後の利用施設が公用・公共用財産であれば、自治体に特別な意図がない限り、行政財産のままで、財産区分を変更する必要はない。また、管理運営を民間機関に部分委託する場合、あるいは全面的委託を行う指定管理者を選定する場合も、行政財産のままで行うことができる。

　一方、行政需要に対応した施設であっても、民間機関に自由度の高い管理運営を期待するときには、普通財産化して施設の譲渡や貸付けを行うことがある。

　さらに、自治体と民間機関とのいわば中間に位置する、住民組織等に施設の管理運営を任せる場合には、行政財産のものと普通財産のものとが混在し、またその理由も明らかでない場合が多い。

(3)　**住民組織等が管理運営をする施設の財産区分**

　住民組織等が管理運営する施設の財産区分について、どのような傾向にあるか、調査分析した興味深い論文（注）があるので、そこに示された主要な4項目（①〜④）を引用提示する。

103

（注）　鈴木栄之進・金子郁容（2015）「研究ノート　自治体による財産区分の『意図的な選択』の実施と廃校活用の有効的可能性」　自治体学会『自治体学』Vol.28―2）

① 「自治体は行政需要がある場合には廃校施設を行政財産として扱い、行政需要がない場合には普通財産として扱うことが通常」であり、このことから、「各自治体は普通財産として扱う廃校施設の管理・運営主体に対しては、行政財産に比肩する行政支援（資金的援助や人的支援）を行わない」傾向がある。

　また、行政需要の大きさや自治体の財政事情を考えた上で、廃校施設の財産区分を意図的に選択している自治体は少ない。ここで言う「意図的な選択」とは、施設の有効的活用を目指して、「行政需要が有るにもかかわらず廃校施設を普通財産として扱うこと、若しくは行政需要が無いにもかかわらず、行政財産として扱うこと」を指している。

② 財産区分が普通財産である場合には、廃校施設の利用料金・利用規制の自主的な設定や自由度の高い事業実施が可能であるが、行政財産の場合には一定の制約が加えられる傾向にある。

　行政需要が旺盛な都市部の廃校施設については、財産区分を行政財産とする自治体が多い。

③ 行政需要の高い都市部の廃校施設を自治体が意図的に普通財産として扱った結果、「利用料金・利用規制の自主的な設定や自由度の高い事業実施が実現する可能性が生まれ」、「実際に利用者数や稼働率が高水準で推移している」事例がある。

　逆に、同様な都市部で、「意図的な選択」をせず、行政財産とした場合に、事業実施に制約がかかり、利用者数や稼働率が大幅に低水準で推移している事例がある。

④ 行政需要の少ない条件不利地域とも言える「廃校施設の財産区分について、自治体が「意図的な選択」をせずに普通財産とした場合、資金的支援面や人的支援といった行政支援がほとんど行われず」、「住民組織に維持管理費や修繕費の負担がのしかかることや、周辺地域に事業効果の波及が起こっていない」事例がある。

3章 廃校活用の諸制約とその超え方

逆に、同様な地域で、行政財産とした場合で、「十分な資金的援助や継続的な人的支援が行われたケースでは、自治体に指定管理料の負担が発生することなく、周辺地域に事業効果の波及が起こっている」例がある。

以上、4項目が廃校活用の観点から注目すべき部分である。

(4) 財産区分選択から注目される廃校活用事例

次に財産区分の選択が施設の有効活用にどのように影響しているかの視点から、実際に現地調査した事例を3つ紹介する。みらい館大明(例1)、大田原市の諸例(例2)、台東デザイナーズビレッジ(例3)である。

(例1)　みらい館大明（東京都豊島区）

行政需要があるにもかかわらず、意図的に普通財産化し、事業活性化を確保した例である。

旧大明小学校　事業収入は毎年5,000万円に達する。

管理運営はNPO法人

東京都豊島区の「みらい館大明」は、廃校後の小学校施設を地域生涯教育施設として、平成17年に開館し、NPO法人「いけぶくろ大明」が管理運営している施設である。

豊島区は内閣府から地域再生計画の指定を受け、「文化芸術創造都市」の形成を目指しており、「みらい館大明」もその一環として位置付けている。そうした行政需要があるにもかかわらず、財産区

分を普通財産とし、NPOに無償貸付けを行った。

　当初、区は閉館予定の青年館事業もここで行う考えで、行政財産として校舎を残す考えでいたが、廃校以前から学校活用に関心の高かった地域住民の意向に沿い、廃校と同時に普通財産化し、NPOに管理運営を任せた。

事業実施の自由度は高い

　事業面では、幅広い団体に施設貸出しが可能となり、若者の居場所づくり（ブックカフェ）を行うなど、区立施設ではないことにより、事業実施の自由度が高くなっている。さらに、古くからの地域人脈を生かして、自営業者による資材や商品の割安な提供や、小学校OBによるボランティアなどを確保した結果、利用者から非常に使い勝手が良いという評判を得ている。

　また、独自の利用料金や利用規定を設けることができ、地区内利用者は半額料金、子供会は４分の１とするなど、地域の利用を優先している。

　これらの結果、利用者数も多く（平成26年度　登録団体1,174団体　利用者数17万4,376人）、施設の稼働率は60％前後で推移している。また、施設貸出料収入は各年、5,000万円規模に達し、無償ボランティアに支えられ、収支は黒字で推移しており、区の運営アドバイス等のサポートを受けつつ、区から協働事業として提案された若者支援事業に係る事業費の一部の区負担を除いて、区からの助成は一切受けていない。

　利用者、行政、管理運営主体いずれもが評価している成功度の高い廃校活用事例である。

　　注：「みらい館大明」については３章**3**２の（例３）でも述べる（144頁）。

（例２）　　大田原市の廃校活用（栃木県大田原市）

　行政需要が見込めないので、普通財産化し、早期に活用先を決定

3章 廃校活用の諸制約とその超え方

した例である。

市内の8校の小中学校を廃校

 大田原市は栃木県北東部に位置する人口7万5,000人、面積354km²の農業、酪農、食品製造業が盛んな市である。平成17年の合併を機に、これまで8校の小・中学校を廃校とした。今後、市の全体構想では、さらに9校の廃校が予定されている。平成17年に市で初めて廃校となった施設は都市農村交流事業を展開しているが、宿泊施設化への移行が困難なまま、今日に至っている。その後、平成22年から25年にかけ、寒井中学校など7校が廃校となったが、1校を除いて、全て活用が始まっている。

旧須賀川小学校　フィルムコミッション等で活用される。

早期活用のためにとった方針

 市は行政需要が見込まれず、採算の良い利用も見込み薄のなかで、早期に活用を行うため、以下のような方針で臨んだ。

 1つは、合併と同時に進行した小・中学校の統廃合に対し、住民はスクールバスが確保されれば、少しでも早く大人数クラスの教育を望むという賛成意見が多かった。その一方、新築校舎への移転だったこともあり、旧学校をシンボル的に残してほしいという意見は少なく、統廃合は地域住民の強い反対もなく実現したことである。廃校後の活用についても、地区委員会で活発な議論は出ないため、市は、公式な全体計画を作ることなく、個別の廃校活用を市サイドだけの業務として開始することができた。

2つは、校舎は廃校と同時に普通財産化し、早期の民間活用に備えたことである。もっともその後、都市交流施設や文化研究施設など行政需要に応える活用施設が決まった場合には、再び行政財産に戻している。

3つは、採算の良い利用が見込めない中で、「維持管理ができればよい」という現実的目標を決め、平成25年に「大田原市有財産の交換、譲与、無償貸付けに関する条例」を改正し、「同施行規則」を制定した。それにより、普通財産の無償貸与を可能とし、大規模修繕は市、その他修繕はその都度協議とする、借り手にとって敷居の低い施設利用の仕組みを作ったことである。

4つは、その仕組みを補完するため、平成23年に「大田原市プロポーザル実施要綱」を策定し、受託者の選定はプロポーザル方式で選定することとし、公正性を担保したことである。

そのほか、福祉施設に関しては、消防法・建築基準法・福祉施設運営基準等により、改修費用の高額化が避けられない入所施設は、利用団体からの希望を断り、通所施設に限って認めたことなどである。

このように、大田原市は廃校活用に対する市民意識が強くないこともあり、行政ベースで廃校活用の早期化を図る仕組みを整え、それを実現している。

ちなみに今後、市の全体構想で廃校が予定されている9校は、これまでの8校と違い市街地に存在し、市民の統廃合に関する関心が高く、統廃合後の活用も含めて従前のようにスムーズにはいかないと市担当者は予想している。

（連絡先）大田原市総合計画部政策推進課

〒324-8641　栃木県大田原市本町1-4-1

TEL 0287-23-8701

3章　廃校活用の諸制約とその超え方

（例3）　台東デザイナーズビレッジ（東京都台東区）

第三者委託等が十分可能にもかかわらず、自治体自身が行政財産のまま、事業展開した例として紹介する。

旧小島小学校　関東大震災後のいわゆる復興小学校である。

行政財産のままで直営にした訳

台東デザイナーズビレッジは旧児島小学校校舎（3階建て）の1・2階を利用する。本校は昭和3年に震災復興計画で建てられたもので、躯体は今でも当時のもの。平成2年に人口減少のため廃校計画が決定。

本施設は、ファッション関連ビジネスを対象とした我が国初の創業支援施設として、「デザイナー」を育て、地元のファッション関連業界をサポートするために平成16年に設立された。

校舎を普通財産化し、民間機関に同様な業務を委託させることが十分可能な中で、区は、以下の考えから、行政財産のままとし、直営で実施している。

1つは、当該地区が靴・かばん・アクセサリー等のファッション関連産業の集積地区として発展してきたが、「モノづくり」の力はあっても「発信」する力が不足し、デザイナー支援が必要となっていた。またOEM（納入先商標による受託生産）の委託先が減り、韓国等に競争で優位に立てなくなってきたこと等から、独自のデザイン開発が求められてきた。そこで区として産業振興に積極的に取り組む必要性が生じたことが挙げられる。

109

2つは、区の直営とすることで公費を投入でき、インキュベーダー施設の安い賃料設定など効果的施策をとることができ、また、中小企業主の多い地元から、大手企業への取次ぎや業界活性化に向けた区の調整力が期待されていたこと、などである。

一方、区の弱点と言えるソフト面の能力については、インキュベーダー・リーダーを公募採用し、ソフト面のアドバイザーとして活躍してもらい、その面をカバーしている。

開設時に改修工事費（区）１億8,000万円、補助金（国、都）9,500万円を支出し、平成26年度決算では、収入2,000万円、支出2,500万円となっているが、当該年度の大きな修繕費を除けば、黒字となっている。収入の内訳として、入居者への施設使用料のほかに、校庭を普通財産化し、駐車場用地として貸し付けている部分が大きい。

施設は区の直営で産業振興課職員２名が本事業を兼務する。区が直接運営を行うことで入居者賃料は安く、20〜40㎡の月額賃貸料8,000〜16,000円である。平成27年度の入居者数は19社（３年目６社、２年目８社、１年目５社）。３年以内に卒業する。入居倍率は約10倍。３年の入居期間に他入居者とのコミュニケーションが持たれ、創業に役立つことが多いといわれる。

地域の活性化に寄与

開校以来、卒業者数は63社、年平均７社が卒業している。63社中、28社が台東区内にショップ又は事務所を開設しており、地域活性化に功を奏している。

また、本施設に関する取材が区に年間250回ほどあり、本施設が地域の広告塔の役目を果たしている。平成23年から始めた台東「モノマチ」街歩きイベントには卒業生がワークショップへ出店協力したりするなど、最近では「徒蔵」として、御徒町・蔵前地区が魅力ある街として注目され出している。

本事例は、産業振興策や地域活性化策を区の推進する重要な行政需要と捉え、行政財産として区自らが積極的に廃校活用した例とい

える。

> （連絡先）　台東区産業振興課
> 〒110-8615　東京都台東区東上野4-5-6
> ℡ 03-5246-1143

　以上、明らかにしてきたように、財産区分をどうするかは、当初から決めるべきことではなく、廃校活用の内容が固まった時に、いずれの選択がふさわしいかがおのずと決まってくるものだと言えよう。すなわち、
・施設の目的をどこに置くか、対象者の範囲はどこに置くか、波及効果も含めて、どのような事業効果を期待するか。
・事業の特性からしてどの程度の自由度が必要か、どのような制約があるか。
・事業の需要はどの程度の量が予想されるか、施設規模は適正か。
・自治体の中・長期的財政事情を鑑みて、事業の財源をどこにどの程度求めるか。
・事業の管理運営主体はどこにするか。
・事業の採算性はどのレベルを求めるか。
などを総合的に判断して、実務的に決定することとなる。

3　建築基準法など、その他の各個別法への対応

　これまで、都市計画法に基づく土地利用規制を中心に見てきたが、廃校活用として新しい施設を開設しようとする際には、それ以外にも、建築基準法など様々な建築上の規制がかかることとなる。

　ここでは、個別の事例を基に、どのような規制がかかり、どのようにクリアする方法があるのかを述べる。

　しかし、規制の詳細は所管の担当者とのやり取りで明らかになるとはいえ、得てしてその事例に限った内容にとどまり、規制の一般的な姿がつかみにくい。そこで初めに、それら個別の規制がどのような意味合いで、どこに位置しているかが分かるよう建築に係る規制全体の概要から示していく。

(1) 都市計画法と建築基準法との関係

　都市計画法では、都市計画区域における建築規制として、用途地域制度を規定し、自治体が建築物の用途や容積、高さ等について都市計画で定めることとしている。さらに地域の実情に応じ、規制をより強化又は緩和するために地区計画制度や高度地区制度を設けている。

　建築基準法はこれらを受けて、定められた計画内容に具体的基準を規定し、当該基準に基づき、規制を実施している。

　すなわち敷地と道路との関係では、接道義務や道路内の建築制限などを、建築物の用途制限では用途地域や特別用途地区などを、建築物の形態制限では容積率・建ぺい率・斜線制限・日影規制などを、防火地域・準防火地域内では耐火建築物・屋根・外壁の開口部等の防火措置などを、地域の実情に即したきめ細かい建築規制として、地区計画などを定めている。

(2) 建築確認審査の役割
　―単体規定と集団規定―

　建築基準法では、さらに施設の設計段階で、都市計画法に基づき、あるいは景観法や再開発法に基づき作成した設計図書等が、各種建築基準に適合しているか否かを審査する、建築確認の制度を設けている。

　その第1は、建築物の安全性を確保する観点からの規制で、「単体規定」と呼ばれるものである。

　「敷地」面では衛生・安全の確保上、雨水排水溝や盛土等の規定が、「構造」面では地震等による倒壊防止の観点から、構造部材や壁量等の規定が、「防火・避難」面では火災からの人命の確保の観点から耐火構造や避難階段等の規定が、「一般構造・設備」面では衛生・安全の観点から、採光・階段・給排水設備等の規定が定められている。

　その第2は、健全なまちづくりを整備していく観点からの規制で、「集団規定」と呼ばれるものである。

　避難・消防等の経路を確保する観点から「接道規制」があり、敷地と道路の関係の規制がある。土地利用の混乱を防止する観点から「用途規

制」があり、用途地域ごとの建築制限が定められている。市街地の適正
な環境を維持する観点から「形態規制」があり、容積率や斜線制限等の
規制がある。

　その第3は、消防法をはじめとして各個別法に規定された建築物の敷
地・構造・建築設備に係る規制部分で、「建築基準関係規定」と呼ばれ
るものである。

(3) 建築確認審査に関係する法律・条文

　建築確認の規定は、「建築基準関係規定」に適合していることを審査
すること（建築基準法（以下「法」という）6条1項）となっており、
「建築基準関係規定」とは、「次に掲げる法律の規定並びにこれらの規定
に基づく命令及び条例の規定で建築物の敷地、構造又は建築設備に係る
ものとする」（令9条）と定められている。その法律及び条文は以下の
とおりである。

1	消防法	9条、9条の2、15条及び17条
2	屋外広告物法	3条から5条まで
3	港湾法	40条1項
4	高圧ガス保安法	24条
5	ガス事業法	40条の4
6	駐車場法	20条
7	水道法	16条
8	下水道法	10条1項及び3項並びに30条1項
9	宅地造成等規制法	8条1項及び12条1項
10	流通業務市街地の整備に関する法律	5条1項
11	液化石油ガスの保安の確保及び取引の適正化に関する法律 38条の2	
12	都市計画法	29条1項及び2項、35条の2第1項、41条2項、42条、43条1項、53条1項並びに同条2項において準用する同法52条の2第2項
13	特定空港周辺航空機騒音対策特別措置法	5条1項から3項まで
14	自転車の安全利用の促進及び自転車等の駐車対策の総合的推進に関する法律	5条4項
15	浄化槽法	3条の2第1項
16	特定都市河川浸水被害対策法	8条

さらにそれぞれの法律で「建築基準関係規定」とみなすと定めた2つの法律があり、それら及び条文は以下のとおりである。

1　高齢者、障害者等の移動等の円滑化の促進に関する法律（バリアフリー法）　　　　14条1項から3項
2　都市緑地法　　　　35条、36条及び39条1項

⑷　建築確認審査に関する法と自治体の条例との関係

　建築基準法は「最低の基準」を定めたものとしており（法1条）、建築確認に当たっては、これらの法律に基づいた政令、規則等での詳細な基準のほかに、自治体の条例により付加的な規定がなされているものが多く、実務の際はそこまで留意する必要がある。例えば消防法に基づき、学校や旅館などの建築物には政令で定める消防用設備等を設置する義務があるが、市町村は地域の実情に応じて条例でこれら消防用設備等の技術上の基準に関して、政令やこれに基づく命令と異なる規定を設けることができることとなっている（消防法17条1項・2項）。

　また、火災の発生のおそれのある器具の取扱いその他火の使用に関し、火災の予防のために必要な事項は、政令で定める基準に従い、市町村条例でこれを定めることとなっている（消防法9条）。

4　具体的な施設転用に当たっての規制と対応

　ここからは具体的に廃校活用で施設の転用を図ろうとした場合に該当する規制と、それへの対応について述べる。

　56頁で見たように、最近12年間の廃校活用の用途を見ると、「学校・大学等」、「社会体育施設」、「社会教育施設・文化施設」の3種が全体の7割を占めており、建物の大幅な改修をせずに活用できる道を選んでいることがうかがえる。

　次いで、「福祉施設・医療施設等」が多いのは、行政ニーズが高いというほかに、施設改修に対する補助金活用のハードルが公民どちらにとっても低いことがあると考えられる。逆に言えば、施設改修に対するハードル

が、法規制上や財政上、高いことが、他の用途への施設転用を難しくしていると言える。

60頁で紹介した、「市区町村における廃校施設の有効活用に関する調査研究」（地方自治研究機構）において、廃校施設の活用を「ステップ1　廃校から基本方針策定まで」、「ステップ2　基本方針から事業計画策定まで」、「ステップ3　事業計画に基づく事業推進の段階」の3ステップに分け、ステップごとに直面した課題と困難性を調査（注1）した。その結果、ステップ1とステップ3で、「建物に係る問題」が比較的多く回答されている。すなわちステップ1では、活用に際して校舎の老朽化への対応が主な課題となり、ステップ3では、建物改修に係る法への適合関係が主な課題となっている。ここからも、廃校施設の転用の難しさが推察される。

（注1）　平成26年10月に市区町村1,741団体にアンケート調査、有効回収926団体

それでは、具体的に転用を目指すとき、どのような課題とぶつかることになるか、そしてそれをどのようにクリアしていけるのか、宿泊施設への転用から見ていこう。

(1)　宿泊施設への転用
―特殊建築物規制の扱い―

「体験交流施設等」は、最近12年間の廃校活用全体の4.6％を占めるに過ぎないが、過疎化が進む自治体にとって、都市住民との自然体験等を通じて、地域の活性化を期待できる魅力的な施設である。すなわち、人口減少時代に定住人口の増加が難しいとき、交流人口の増加によって、情報や経済の交流が進み、地域の活性化につながる可能性が高いのである。

この体験交流施設に宿泊機能を付加できれば、これらの効果は一層期待できることになり、現に全国で多くの成功例がある（栃木県塩谷町「星ふる学校くまの木」（150頁）、徳島県上勝町「山の楽校・自然の宿あさひ」（134頁）など）。

ところが、宿泊施設化しようとする場合、その施設は「旅館に類するもの」となり、人が集まる要素、火を使い食事を提供する要素等から、「特殊建築物」（法2条2号）に該当し、様々な規制を受けることとなる。

115

まず、「旅館」をはじめ、集会場、学校、展示場などは床面積100㎡を超えるときは、建築基準関係規定に適合していることの確認申請が求められる（法6条）。

　次いで、火災による建物の倒壊や延焼を防止できる構造や防火設備を備えた「耐火建築物」とすることが求められる（法27条）。

　さらに、居室や火を使用する調理室・浴室等に換気設備の設置が求められ（法28条）、宿泊施設が3階以上又は延べ床面積が1,000㎡を超える場合は、避難上及び消火上支障のないように廊下、階段、出入口等の避難施設、消火栓、スプリンクラー、貯水槽その他の消火設備、排煙設備、非常用の照明装置などが求められ（法35条）、壁及び天井の内装は防火上支障のないものにする必要がある（法35条の2）。

　具体例として、木造校舎を食事提供等のない「寄宿舎」として用途変更しようとする場合、床面積が300㎡以上の場合には、耐火建築物又は準耐火建築物とする必要から、壁、屋根、床に不燃材料ないし準不燃材料を用いる必要がある。また、居室や通路の内装は難燃材料を用いる必要があり、延べ面積が1,000㎡を超える場合、床面積1,000㎡以内ごとに防火壁で区画する必要がある。

　ここで、耐火に関連した対応事例として、廃校活用の先例を一つ紹介する。

（例）　　すまいるプラザ大黒（神戸市須磨区）

　神戸市須磨区の大黒小学校は、千歳小学校との統合により平成14年3月末をもって廃校となり、66年の歴史に幕を閉じた。

　大黒小学校は戦災や震災の被害も少なく、教育の場だけでなく、地域交流の場としても利用され、廃校に当たっては地域住民から学校跡を地域活動や地域交流の場として利用したいとの強い要望が示された。

　神戸市は、同校が交通利便性の高い場所にあり、地域活動や地域交流の拠点としてふさわしいと考え、平成14年11月に一般利用施設

3章　廃校活用の諸制約とその超え方

として、すまいるプラザ大黒（大黒小学校跡地暫定利用施設）を供用開始した。

旧大黒小学校　チエと工夫で耐火建築物の縛りをクリア。(須磨観光協会HP)

　そこに至る過程で、一つの工夫があった。
　3階建ての校舎を地域交流の発信拠点に用途変更しようとした際、「学校」では床面積が2,000㎡を超えない限り、3階以上の階を耐火建築物とする必要はないが、「集会所」に変える場合、床面積200㎡以上で3階以上を耐火建築物としなければならなくなった。そこで、用途変更に伴う改修時に、1階階段室を防火壁で閉鎖し、2階以上に上がれなくすることで、3階建ての校舎を法規上、平屋建て扱いにし、耐火建築物としないで済ます工夫をしたのである。
　なお当施設は、平成22年1月をもって閉鎖され、その暫定利用を終えた。

　　　（問合せ先）　神戸市須磨区役所まちづくり課
　　　　　　　　　TEL 078-731-4341（代）

(2)　宿泊施設転用で求められる規制緩和
　―農地民宿の規制緩和を例に―
　宿泊施設化には多くの規制が待ち受けているが、旅館業法に定める簡易宿所営業のうち、農家民宿（農林漁業体験民宿）には、事業推進の観点から、いくつかの規制緩和がされている。
　すなわち旅館業法では、簡易宿所を開業する場合、33㎡以上の客室延床面積が必要とされたが、平成15年の改正により、33㎡未満の客室延床

117

面積でも営業許可を得ることが可能となった。

　また消防法では、農家民宿にも通常の民宿と同じ消防用設備等の設置が義務付けられていたが、平成16年の改正により、地元の消防庁又は消防署長の判断により、誘導灯等を設置しないことが可能となった。

　さらに建築基準法関連では、客室床面積が33㎡未満であっても「旅館」として扱い、防火上主要な間仕切壁の設置が必要とされたが、平成17年の改正により、客室床面積が33㎡未満であり、かつ避難上支障がない場合は「旅館」として扱わず、防火上主要な間仕切壁の設置が不要となった。

　体験交流施設ではスポーツ合宿の利用、子供たちの自然体験などの団体利用、企業などの研修利用など、教育の延長線上としての利用が多い。その施設の一部に宿泊施設を導入しようとする場合、1階部分に宿泊室を設置し、避難行動のしやすい利用方法等を確保することなどを満たした場合、この農家民宿のような規制緩和がされてもよいと考えられる。

　宿泊機能を伴った体験交流施設は、人的交流の質を格段と高め、地域の活性化に大きく寄与することから、利用者、自治体双方に強い需要が有ると考えられ、それを顕在化させる制度的支援が求められている。

(3)　そのほかの施設転用
―福祉施設・文化施設・オフィス・レストランなど―

　以上、多くの規制がかかることとなる、宿泊施設への転用の場合を取り上げたが、それ以外の、福祉施設、文化施設、オフィス、レストラン等に転用する場合には、どのような規制が関係してくるかを見てみよう。

　まず、先に掲げた「特殊建築物」に該当する建物は、法2条2号に列挙されており、福祉施設では、「病院」等が、文化施設では、「劇場」、「観覧場」、「集会場」、「展示場」等が挙げられている。したがって、これらの施設に転用する際は、宿泊施設の場合と同様の規制がかかることとなる。

　次に、建築確認審査を要する建物は、先に掲げた法律条文に適合して

118

3章　廃校活用の諸制約とその超え方

いる旨の審査を受けなければならないが、それに該当する建物は以下のように規定されている（法6条）。

1　床面積が100㎡を超える以下の特殊建築物
　①劇場、観覧場、集会場など
　②病院、診療所、ホテル、旅館、寄宿舎など
　③学校、体育館など
　④展示場、カフェー、遊技場など
2　木造建築物で3階以上のもの、又は延べ面積500㎡を超え、高さが13m若しくは軒高が9mを超えるもの
3　木造以外の建物で2階以上のもの、又は延べ面積200㎡を超えるもの
4　その他、都道府県知事や市町村長が都市計画区域内や準景観地区内などに指定する地域における建築物

　したがって、病院、診療所、劇場、集会場が建築確認審査の対象となるほか、用途に関係なく、一定規模以上の建物が建築確認審査の対象となる。

　第3に、採光や換気に関する規定が病院や診療所に適用になり（法28条）、一定以上の窓や開口部、それに代わる換気設備等が必要とされる。この規定は、児童福祉施設、障害者支援施設、老人福祉施設、有料老人ホームなど多くの福祉施設に準用され、保育所の保育室、児童福祉施設等の寝室なども対象とされる（令19条1項・2項）。

　学校は元来、この規定が適用されているので、福祉施設等に転用する場合は、あまり問題とならないが、オフィスに転用する際には、労働安全衛生法に基づく事務所衛生基準規則の諸規定（気積、換気、照度等）が適用されることになる。

　このほか、病院や集会場のような特殊建築物には消火設備や防火設備が必要とされることは、宿泊施設への転用の場合で見たとおりである（法35条・35条の2）。

　また、レストラン（飲食店）を取り込む場合は、飲食店としての建築

119

基準を満たすほかに、食品衛生法に基づく食品衛生責任者の配置や、保健所が定める施設基準を満たすこと等が求められる。

(4) 耐震改修の必要性
―既存不適格建築物の扱い―

　廃校活用に当たって、法律上のもう一つの大きな課題が「既存不適格建築物」の扱いである。

　現段階で法令上、適法な建築物が、新たな法令の改正等により、新基準を満たさなくなった場合、直ちに違反建築物とならないよう扱うことが、法の不遡及の原則に基づいてなされている。

　すなわち、既存の建築物について、新法令基準に適合していない部分があっても、その部分を適用除外することが定められ（法3条2項）、これに該当する既存建物を「既存不適格建築物」と呼ぶ。

　「既存不適格建築物」は、原則として、増改築する機会に新基準に適合させればよいこととなっている（同条3項）。

　したがって、新規定の施行後も、工事をしない場合や、工事をしても大規模な修繕や模様替えに該当しない場合には、引き続き適用除外のままとなる。

　しかし、廃校活用で増改築や、大規模修繕・大規模模様替え（法2条14号・15号）を実施する場合には、原則として建築物全体を現行規定に適合させる必要があり、現行の建築基準法等が適用されることとなる。その場合、115頁の「宿泊施設への転用」で見たように、転用用途に係る現行規定が適用され、種々の改修が必要となる。

　とりわけ、新耐震基準に適合した建物とする必要から、改修費等が高額になるほか、古い木造校舎のイメージを特色としてアピールする施設転用の場合には改修内容と矛盾が生じるという問題が発生する。

　施設改修面だけで見ると、結果的に現行の校舎を余りいじらずに転用したいという内向きな発想になりやすい。が、廃校活用の目的に照らして、財源状況や地域の将来像などとどうバランスをとって具現化していくかが問われることとなる。

120

3章　廃校活用の諸制約とその超え方

 カネの制約とその超え方は

　文部科学省調査（平成26年）では、廃校活用の用途が決まらない理由として、「財源が確保できない」が16.3％と結構大きな割合を占めている（55頁）。しかし各地の自治体をヒアリングする限り、「おカネさえあれば様々な活用ができるのに」という声を随所で聞いた。

　この項では廃校活用に当たってのハードルの第3といえる、カネ（財源）の制約を市町村自治体としてどう工面し、乗り越えるかについて述べていく。単純な話であるが、カネの工面については基本的に次の3方法しかない。

　　1つは、自前の予算（とチエと人材）でやっていくこと
　　2つは、国や県の補助金等を活用すること
　　3つは、民間の資金と経営センス（人材）を活用すること

　そこで以下に、役所（公金）が主体の廃校活用の場合と、民間が主体といえる廃校活用の場合とに分け、その課題と対応策を考えてみる。

1　役所（公金）が主体の廃校活用

　まずは、役所が主体の廃校活用の場合である。役所は一体、どんなスタンスで施設運営を行うべきであろうか。

その実態と問題点

　現在、全国の廃校5,801校の3割が未利用であり、利用されているものの7割が教育関係（役所の直営）で活用されている（平成26年「文部科学省調査」）。これは何を示すか。他でもない、市町村に廃校活用を自前で展開するようなカネがほとんどないということである。特に「過疎化」による廃校では、公的資金に依存しており、運営や維持管理も税金により行われている事例が多いことは前に指摘したとおりである（58頁）。実際、自治体に土木建築費が自由でないということは、例えばここ10年来の自治体の用地取得費の推移を見てみれば明らかというものである（**図表3-2**）。しかも、こういった厳しい財政状況の中ではあるが、廃校を前に自治体は

何とかその多様な活用を心掛けたいものである。

確かに公共施設については、最近、老朽化による維持管理費や建て替え費の増加が大きくなっている。そこで、例えばさいたま市では「ハコモノ三原則」を打ち出した。「公共施設マネジメント計画」（平成27年）の中ではあるが、「新規整備は原則行わない」「施設の更新は複合施設にする」「総床面積を縮減する」というものだ。大事な観点である。

しかし廃校活用はまさにこの発想に対応しており、新たな投資でなく、今あるものをリユースあるいはリサイクルするもの。大いに前向きに取り組みたいものである。そうはいっても役所の中には以下のような問題がある。これらが廃校活用を市町村が自前で進める場合でのネックになっていると言えよう。

① 役所のカネ意識

まずは職員のカネ意識である。しばしば役人の金銭感覚は緩い、税金を垂れ流しにしているのではないかとも言われる。確かにそうしたムダは少なくない。しかし一方で大きく様変わりしつつあるのも事実だ。バブル時ならいざ知らず、今の役人の金銭感覚は放漫「ユルイ」でなく萎縮「シブイ」化しているのである。萎縮化すればどうなるか。多くの役人は事なかれ傾向に陥る。廃校活用に当たってカネのかかることはやり

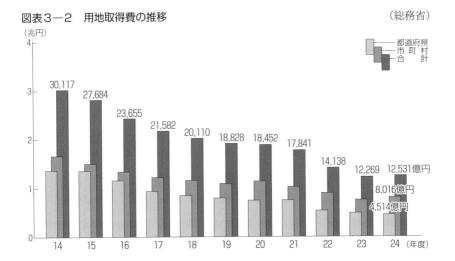

図表3−2　用地取得費の推移　　　　　　　　　　　　　　（総務省）

3章　廃校活用の諸制約とその超え方

たくない、カネのかかりそうなことは聞きたくないと縮み込んでしまう。これではまともな廃校活用議論はできなくなる。

② 役所の希薄な経営感覚

しかも萎縮「シブイ」化してきているにもかかわらず、役人の世界は長年染みついた意識として、経営感覚については依然として希薄だと言わざるを得ない。資金繰り、維持管理費、減価償却、人件費などの把握が不十分なのである。したがってインフラ整備や施設活用について、長期・短期の事業計画（収支）づくりがどうしても大雑把な内容になってしまうのだ。その事業計画はコンサル等の業者任せで、提出された計算内容は丸のみにしがちだ。特に将来の費用負担を誰が、どんな形で担うことになるのかといった観点に目をそらしてしまう。

③ とかく政治的に翻弄される役所の判断

しかしそうした事情にかかわらず、次々と発生してくるのは空き教室と空き校舎である。どんな廃校活用策を講じるか、その地域にふさわしい使い道は何か。様々な地元の声が交錯し行政に突きつけられる。集約は行政としての技量が問われよう。その際に留意しなくてはならないことは、短期的だけでなく長期的なコスト負担の視点を持つことである。とかく人々は短絡的になりがちな点に留意したい。

④ 役所の責任者はトップだけではない

以上のことを別の面から言えば、役所は最終責任を取る覚悟をしっかり持たなくてはならないということである。行政の最終責任者は言うまでもなく首長である。万事に首長が責任を負うべきもの。それはそのとおりである。しかしその言い方には、役人に独特の責任回避の打算が滲むことは否めない。政治的にはともあれ、行政的には担当部署が最もよく情報を持ち、施設運営の是非を検証できる立場にある。担当の管理職こそ責任を持って廃校活用の方向性と将来の負担についての判断をすべきである。自治体の担当職場には、その自覚が薄いように思えてならない。

役所の直営のケースでの課題克服への対応策は？

このように役所や役人は確かにいろいろな問題点を抱えている。分けて

も財政状況が厳しい。しかしそれでも役所が主体になるべき事業は多いのだ。前述した問題点を踏まえながら、役所が廃校活用を主体となって進める場合の対応策を考えていきたい。

① 役所主体がふさわしい廃校活用は多い

役所が主体的になって進めるべき廃校活用ケースはどんな場合か。廃校活用の7割が教育（行政）関係で活用されているとの実態については先に見た（2章）。そのことが示すように、まずは教育関係の施設として使う場合は、役所が主体になるのがふさわしい。学校教育や社会教育の場としての活用である。国や県を絡めた転用手続きもなく、経費も少なくて済むだけに役所としても気が楽である。この選択は合理的である。

しかし、なかには京都市のように、廃校活用に10億円の初期投資と1億6,000万円の年間予算を出す自治体もある。役所の全国的な萎縮「シブイ」化傾向のなかでは例外的な選択である。京都芸術センター（参照（例1））は、京都を歴史と文化の拠点にしたいと考える、行政としての強い意思が前面に出ている1つの選択肢であろう。

ただしかし、こうした選択をした場合、2つのことに留意しなくてはならない。1つはなぜ公金を大きく投入して良いかという理屈付けである。それをしっかり整理し、住民に理解してもらうことだ。もう1つは将来負担の問題である。長期短期の収支計画を事前に明示したうえで住民の了解を得る努力を怠らないということである。

② 希薄な経営感覚をどう超える？

ついで廃校活用に当たっての収支計画づくりについて、希薄な経営感覚をどう超えるかが課題である。言うまでもなく行政の担当者への経営センスやノウハウの付与が不可欠だろう。しかし泥縄的な研修などでは時間的に間に合わない。数字に強い職員の登用か、それができなければコンサル等の外部の力を借りるしかないだろう。しかしどんな場合であれ、先行例からの学習は貴重である。どんな廃校活用策が他にあるか、その校区にふさわしい業種や経営計画は何かの検討を、全国に山ほどある先行例から吸収することである。

3章　廃校活用の諸制約とその超え方

③　それにしても民間の経営センスは不可欠

　役所が主体になって施設管理を行うとしても、個々に外部コンサルを含め、民間の経営センスを生かすことは有効である。改修の資金繰り、維持管理費、人件費などしっかり試算し、将来的にお荷物にしない視点での事業計画（収支）づくりには複眼的な視点を持たなければならないのだ。その時にはもちろん、国や県の補助金もスマートに組み込むことのチエもあってよい。例えば愛知県東栄町の「のき山学校」の運営を担当するNPO「てほへ」は、町と連携しながら県や国の補助金メニューをかなりふんだんに駆使している例と言えよう。

④　「2度目の"廃校"を生んではならない！」

　それにしても今日、首長も役人も発想が小さくなってしまっているようだ。長期的なプラン作りがなかなかできなくなってきている。「100年の計」に立った地域全体の活性化といった視点など、ほとんど議論の俎上に上ることはなくなっている。それには要因がある。従来の長期プランは基本的に右肩上がりの拡大プランであった。しかし昨今つくらなければならないプランは右肩下がりの縮小プランである。首長として住民のサービス低下に響くような将来像を選挙民に示すのはつらいのだ。しかし私たちは今だけでなく、子供の世代、孫の世代が地域でどんな暮らしをするかを見つめなくてはならない。目前の判断でなく、孫子世代の負担も考えた廃校活用の選択をしなければならないのだ。そこまで考慮していない施設の管理運営は必ず将来はコスト負担を増やし、お荷物になるのである。そう考えれば、「2度目の"廃校"を生んではならない！」と心すべきなのである。

行政が主体で公金が多く支出されている例

　以上述べてきたことを補強する意味で、行政が中心になって運営されている廃校活用の2ケースを紹介する。例1は京都芸術センター（京都市）、例2は神田ふれあいセンター（愛知県設楽町及び豊橋市）のケースである。

125

(例1)　　　　　京都芸術センター（京都市）

　京都芸術センターは、市内中心部の明倫小学校の校舎（平成5年廃校）を利用し平成12年4月にオープンした。鉄筋コンクリート3階建てであり、西館（2F）・北館（3F）・南館（3F）の3棟で構成される。床面積は5,209㎡。京都市が平成8年に制定した「芸術文化振興計画」に基づく拠点とされる。「東京への一極集中で京都の文化的創造力が相対的に低下している」現状を打破するための京都芸術振興のシンボルとしている。

旧明倫小学校　正門は有形文化財に指定されている。

風格と歴史のある正門

　センターの概要について、館の公式ホームページではこう謳う。

　「京都芸術センターは、京都市における芸術の総合的な振興を目指して開設された創造・発信拠点です。展覧会や舞台公演など多様な芸術の鑑賞の場であると同時に、芸術家の創作・発表活動を支援しています。また図書室や、情報コーナー、談話室、カフェ等は日常的にどなたでもご利用いただけます。」

　文化都市京都でありたい。そういった強い思いが伝わってくるというものだ。開館時間はギャラリー・図書室・情報コーナー・談話室は10：00～20：00、カフェは10：00～21：30、制作室・事務室は10：00～22：00。朝から夜遅くまで使用可能とする。

3章　廃校活用の諸制約とその超え方

廃校及び活用案決定の経緯

　平成5（1993）年に廃校となった明倫小学校は、明治2（1869）年に下京第三番組小学校として開校された。当時小学校は地域の町衆が自前で建てたもので番組小学校の一つである。往時の京都の町には住民自治組織として「番組」（町組）が単位とされ、それぞれの番組ごとに64の小学校が創設された。明倫学区は古くより呉服問屋で栄え、釜師（茶釜を鋳る職人）や画家も暮らした。それだけに地域住民の文化への関心、教育への熱意は強く、こうした地域性の中で「明倫小学校」は育まれてきたのである。

　その明倫小学校が平成に入って廃校と決まった。地域は黙っていない。住民の文化・芸術への思い、学校（建築物）存続への思い、地域コミュニティを誇れる場へとの思い。そうした思いに京都市「芸術文化振興計画」が相まって平成12年4月、「京都芸術センター」が生まれたのである。

　京都市もしたたかである。廃校直後の平成7年に、まずこの明倫小学校を会場にアートフェスティバル「国際紙フェスティバルIPS'95」を開催、地域への文化戦略の浸透を図る。併せてフェスティバルを開催する中に、芸術家の活動の拠点に対する住民ニーズの掘り起こしも行っている。地域との交流事業を実施し、地域に開放された学校を維持しつつ、世界中から、新しい芸術家を呼び込む芸術センターのスタートを目指したのである。

改修工事費に市は10億円を投入

　文化振興を重視する京都市は、この廃校活用しての開設時に、改修工事費9億8,500万円を市の一般財源から投入している。運営予算も年間1億5,898万円（平成24年度）で、これも当然ながら市の一般財源から充てられる。しかし入館料は無料である。運営状況はと言えば、以下のように高い水準となっている。

127

平成	23年度	25年度
年間来場者数	73,549人	64,412人
施設稼働率	87%	93%

　京都市の芸術文化への熱い姿勢は管理運営にも及ぶ。すなわちこのセンターが開設して以降、今日に至るまで、公益財団法人である京都市芸術文化協会に依頼しているのだ。その選定理由として以下の点を挙げる。ここにも京都市の強い思い入れが伝わる。

① 　新人芸術家への無料利用に際しオーデションを行うが、協会はその評価ができる。

② 　協会は豊富な人材を持ち、その人材による横のつながりは有用である。

③ 　芸術センターのプログラム等には協会の芸術への知識・経験・才能が必要である。

④ 　伝統芸能（能、歌舞伎、文楽等々）の世界とのつながりが持てる。

⑤ 　芸術家とのネットワークを維持できる。

　もっとも一般に公益財団法人などの外郭団体については、監督自治体の退職者（いわゆる天下り）ないし出向者が、その経験や人脈などを生かすべく役員や幹部職員に就任することが多い。しかしその趣旨どおりに施設運営がなされない場合や、外郭団体の「プロパー」との相克が生まれるケースもしばしば存在する。留意すべき点である。

利用者の評判は高い

　ではこうした京都市の芸術文化振興への思いは利用者に通じているであろうか。芸術センターへの評価は、利用者にも地元住民にも高い。センターは実施事業への参加者にアンケート調査を実施する一方、毎年３月に来館者への対面アンケートを実施している。その結果では、センターの対応、説明、案内、事業内容の評価は、「大変良い」と「良い」とでいずれも70％近くを占めている。

3章　廃校活用の諸制約とその超え方

　特に若手芸術家たちへの支援は、既に15年間の実績を持つだけに評価は高く、分けてもアーティスト・イン・レジデンスに対しては国内外から多くの申し込みが来ている。また住民サイドとして当初、地元小学校が芸術表現の場として活用できるかどうか、芸術の場とすることが地域住民に受け入れられるかどうかが懸念された。しかし現在、住民の受け入れ満足度は高い。美術ギャラリー、喫茶店、図書館など無料の一般向け施設が20時まで開館しており、地元の住民や周辺に働く人たちに「アートのある憩いの場」となっている。また運動場は今でも地域住民の為に開放され、地域との連携を維持しているからである。

〈京都芸術センター〉

〒604-8156　京都市中京区室町通蛸薬師下る山伏山町546-2

℡ 075-213-1000

（例2）神田ふれあいセンター（愛知県設楽町及び豊橋市）

　愛知県三河地方の設楽町立神田小学校は、平成7年に田口小学校へ統合され廃校となった。その校舎を豊橋市が設楽町から用地ともに借り受け、同年の7月に「神田ふれあいセンター」として開設スタートした。なぜ設楽町のものを豊橋市が利用するのか。都市部の自治体の豊橋市にとって、自然に囲まれた山間の学校は、子供たちの教育に地理的にも環境的にも格好の施設だと考えたからである。建物面積は1,235㎡、借地面積は6,079㎡、校舎は木造2階建てである。その内容は会議室2室（各25人定員）、集会室・調理室（各50人定員）となっている。設楽町の避難場所としても指定されている。

129

旧神田小学校　この地区の子供数は現在ゼロである。

山間の青少年の教育施設としてスタート

「豊橋市神田ふれあいセンターは、廃校となった旧設楽町立神田小学校の施設を利用し、野外活動や地元設楽町との交流を目的として開設されました。また本施設の立地する設楽町は、愛知県の北東部に位置し、中部山岳の一部をなし、天竜川・矢作川・豊川の三大水系の水源地帯の中核をなしています。このような豊かな風土に育てられた自然が溢れる本施設は青少年団体や地域での活動を始め、家族のふれあいなど様々なレクリエーションの拠点として、皆さんに楽しいひとときを提供します。」（豊橋市HP）

センターの使用料、宿泊料、水道光熱費、寝具等は、地元設楽町ではなく、豊橋市が負担し、使用料などは全て無料となっている。豊橋市民でなくても誰でも無料の適用を受けるというから徹底している。

豊橋市の力の入れようはなかなかのもの

センターの管理運営は豊橋市（教育委員会生涯学習課）である。しかし日常的には地元の行政区「神田ふれあいセンター管理委員会」に運営を委託している。地元の平山町、神田町の区長が2年ごとに責任者となり、管理人2名の職員が管理に当たっている。

財源は豊橋市が拠出する。地元の設楽町は土地、建物を貸してい

るが、設楽町は費用負担を行っていない。なお豊橋市のこの姿勢は、設楽町が宇連ダムなど豊川の水がめになっていることにも由来する。このセンターの財務状況について、少し詳しく載せておこう。

① 年間管理費は年額で331万円（平成26年度）であり、豊橋市が負担する。設備維持管理費としての年間248万円に加え、高齢者セミナーなどの開催費用として年間83万円の交流事業費が豊橋市から設楽町に支払われている。

② ランニングコストは年間276万円〜300万円ほどかかっている。地元の管理人は、「出費が何かとかさみます。工夫や節約で切り抜けております」という。

企画には様々な工夫が凝らされている

利用状況はどうであろうか。年間の利用者数は3,700人前後である。主な利用者は子供会、青少年団体、地区の老人クラブなどであり、豊橋市民だけでなくそれ以外の利用も多い。五平餅講習会、そば打ち講習会、年2回の高齢者セミナー、芋煮会、イルミネーション祭り（冬）、等々の企画が持たれている。ただ利用の季節は山間ということで野外キャンプなど、どうしても夏場が中心になる。冬場は地元の人たちがサークルなどで利用する程度のようだ。ちなみに豊橋市からこのセンターまでは、車で片道2時間近くかかる距離である。

子供たちの声が響くのは地元に大きな喜び

神田ふれあいセンターは平成7年に開設スタートしてから既に20年以上たつ。現状の利用者の評判はどうか。

旧校舎の木造の建物の風情もあり、また施設利用料が一切かからないということ、また特に現地で切り盛りを行う管理者が前向きであること等があって施設の評価は高い。

「神田地区は現在子供の数はゼロ人、全く居ないのです。だから夏休みのキャンプなどでこの集落に子供たちの声が響くことは住民にとって大きな喜びとなっています。地域としては学校の活用は大

歓迎ですよ。」

　そうした声を高齢化率の高くなったこの現地では耳にしている。

　ちなみに平成27年度における豊橋市の政策分析報告書をみると、神田ふれあいセンターの実績評価はＡ～Ｄの４段階評価でのＢランク（おおむね成果があがっている）であり、方向性は「維持」となっている。

　　〈神田ふれあいセンター〉

　　〒441-2315　愛知県北設楽郡設楽町大字神田字杉ノ根19

　　℡ 05366-2-1105

2　民間が主体となった廃校活用

　以上は、市町村（役所）が主体の廃校活用の場合をみてきた。次いでここでは、民間が主体となっての、その経営センスや資金を生かしての廃校活用のあり方を考えてみることにする。

民間（委託）の活用の実態、問題点は？

　言うまでもないが、民間のセンスや民間の活力を過大評価するつもりはない。民間のシンクタンクやコンサルタントの中には、時に手抜きに近いと思われるケースもある。しかしそれでも廃校活用などでチエや工夫が求められる場合に、行政は民間のセンスと活力に期待したいものである。

　施設管理と運営で民間を活用する場合、一般的に指定管理者制度が使われる。現に本著で掲げた各地の事例でも、そのほとんど全てが指定管理者に委託している。栃木県塩谷町の「星ふる学校くまの木」はNPO法人「くまの木里の暮らし」に、東栄町の「のき山学校」はNPO法人「てほへ」に、愛媛県の「河辺ふるさとの宿」は㈱ゆうとぴあ河辺に、といった具合である。もっとも委託NPOなどといってもその実態は１人ないし数人のメンバーがコアである。低廉な委託費の下では、この少数の頑張り屋さんのチエと汗に支えられて、この指定管理制度は功をなしているといえるようだ。

3章 廃校活用の諸制約とその超え方

民間主体の経営の工夫は？

　指定管理者がうまく機能しているかどうかは幾つかの視点で判断される。一つは経営面であり、収益が上がっているかどうかである。もう一つは社会面で利用者たちに評判がよいか、あるいは世間への発信力を持つかどうかである。そうした視点から見ると、以下の廃校利用は大いに参考になるといってよいだろう。3つのグループにあえて分け、7つの事例として紹介していこう。

　①　1つはヒトが勝負！　というケースである。

　　過疎地における廃校活用の場合、多くは利用者が少なく、経営的に大変厳しいものである。そんな困難な環境下で、まさにヒトが勝負！と活躍している事例を3つほど取り上げる。

（例1）上勝町「山の楽校・自然の宿あさひ」（管理人田上幸輝代表）

（例2）大洲市「河辺ふるさとの宿」（田中現裕支配人）

（例3）みらい館大明（杉本カネ子館長）

　②　2つはチエと工夫が勝負！　というケースである。

　　UターンやIターンの「よそ者」が、様々な取組みによって、経営的にも地元的にも評価を受けている事例で、2つほど掲載する。

（例1）東栄町「のき山学校」（NPO法人「てほへ」）

（例2）塩谷町「星ふる学校くまの木」（加納麻紀子支配人）

　③　3つは企業誘致による廃校活用のケースである。

　　民間活力の利用という点では、企業誘致はその最右翼である。企業自身が進出する場合を想定するのが一般的であるが、ここでは企業を将来起こすことを期待する起業志望者をサポートするケースも取り上げる。

（例1）養父市廃校利用の企業誘致

（例2）新城市「つげの活性化ヴィレッジ」

民間がチエと工夫を重ねている例

　本著における全国の廃校活用調査は、平成27年の8月から平成28年2月にかけて愛知大学及びFJKがチームを組み、現地ヒアリングを行ってきたものだ。ここではその中から民間がチエと工夫を重ねている事例を取り上げる。それにしても多くの施設の担当者はヒアリング調査にきわめて好意

133

的であった。各自が取り組んできた実績に対する自信があったように感ぜられたものである。しかし一方で、これら以外で、ヒアリングを拒否された施設もある。経理の実態を知られたくないなどの事情があったと思われる。個別名を載録することはできないが、廃校活用と指定管理者制度のもう一つの厳しい現実といえる。

① ヒトが勝負！　というケース

ところで、地域の活性化に必要なのは、つまるところヒトであると言われる。分けても「よそ者」「若者」「バカ者」が大事であるとしばしば言われる。地元のしがらみに捕らわれない「よそ者」、元気のある「若者」、そして多少の批判にもめげずに突き進む「バカ者」。そういう視点から見ると、廃校活用の場面もほとんど同様であることに気付かされる。

以下の3事例は、廃校後に指定管理者になって活躍する、まさに「よそ者」「若者」「バカ者」というべき面々の取組みである。その発想やエネルギッシュぶりから学ぶべきことは多いだろう。

（例1）　山の楽校・自然の宿あさひ（徳島県上勝町）

旧旭小学校　利用者は年間3,000人を超える。

上勝町は徳島県の山間にあり、人口約1,700人（平成27年）。先にこの町での廃校を町営のUターン者用の複合住宅に転用した小学校の転用例は見てきた（89頁）。ここではもう一つ、昭和62年に廃校となった町立の旭小学校の転用例を紹介する。上勝町役場から県道

3章　廃校活用の諸制約とその超え方

16号線をさらに奥に４km程度入ったところに位置する木造２階建て校舎の転用である。新たに収容人員50名、室数６室の宿泊施設に転用した。「山の楽校・自然の宿あさひ」がこれである。

施設ではいろいろなメニューを準備

　「山の楽校は、自然豊かな徳島県上勝町にある、自然体験や合宿に最適な宿泊施設です。林間学校はもちろん、文化部、特に音楽系サークルの合宿にもご利用いただけます。仲間との思い出づくり、あなただけのスローライフ。年代世代を問わず集える場所。——山の楽校自然の宿あさひ」。これがホームページでの謳い文句である。そして例えば、以下のような目的で利用できますとメニュー案内する。

〈児童・生徒〉
・学童保育などの宿泊体験
・清流旭川での昔ながらの川遊び
・自然にある木や葉、木の実などを使った自由な工作（創造力を伸ばす体験）
・上勝の澄んだ空気の下で自然観察。
・土地の長老が話す、民話や伝説の語り部。

〈学生の方〉
・上勝町の取組み（いろどり、ゼロウェイスト（ごみゼロ）宣言等）を宿泊研修
・環境教育の宿泊体験学習
・卒論及び修論のテーマとして、上勝町を調査
・部活動やサークルの合宿（体育館併設：運動部文化部問わずOK）
・自然をとにかく満喫したいグループ

〈一般の方〉
・上勝町視察時の宿泊（５名様以上）
・団体、サークルの宿泊親睦会等（５名様以上）
・里山で宿泊する歓送迎会・新年会（５名様以上）

135

- スローライフのモデル探し

〈団塊の世代〉

- 第2のライフワーク発見へのお手伝い
- スローライフ実践のヒントを発見
- 世代を越えた交流をしたい方

〈企業向け〉

- 宿泊研修の場をご提供（5名様以上）
- 忘年会、新年会、歓送迎会など（5名様以上）

廃校及び活用案決定の経緯

　町立の旭小学校は昭和63年に小学生が減少したため上勝西小学校と統合し、廃校になる。明治7年に創立という長い歴史を持つ。地元は愛着のあるこの学校の廃校に際し、再利用を前提に対策協議会を設立、そして「研修施設」という大筋での利用方針が決まる。さらに町議会でも過疎対策特別委員会が設けられ、それぞれに研究を続ける。そして最終的に〈自然教育センター「あさひ」〉としての利用が決定するのである。利用方法に関するこの検討は、廃校以前より続けられており、したがって廃校と同時に予算化が行われ、廃校の同年に工事に入っているのである。そして翌平成元年には開設スタートする。地元の決断も実行も早いのだ。地元の熱意が垣間見えると言えようか。校舎は、行政財産のままで上勝町教育委員会が所有する。

　「あさひの宿」の施設設備の財源状況については、次頁のとおり。主なものを挙げてみた。はじめの廃校転用に際しての費用については、国（文部省）が50％の2,500万円を負担している。なお防水工事、外壁の塗装等の大規模な修繕は行政（上勝町）が対応する。あとは管理運営費として自主財源で対応している。

3章　廃校活用の諸制約とその超え方

（単位：千円）

年次		一般財源	補助金
昭和63年	集団宿泊教育共同利用施設整備事業（文部省）	25,346	25,000
平成2年	野外活動施設整備	4,721	
3年	進入路改良工事	997	
4年	外壁塗装工事	3,161	
	水道修繕	988	
5年	バーベキュー施設改修工事	516	
	屋根修繕	1,208	
8年	冷暖房施設整備	3,605	
計		40,542	25,000

管理運営は年間利用者3,000人を超えて安定的

　上勝町教育委員会は指定管理者制度により、地元の住民グループ「ハーモニーライフクラブ旭」を指定管理者としている。客足は、東北の震災時からしばらく遠のくものの、最近は増加傾向に戻っている。年間利用者の数は3,000人以上がキープされ、安定した運営状況になっている。ただ季節により増減があり、7月～8月の夏休み期がピークで稼ぎ時となっている。利用料金は、一泊二食で6,000円、素泊まりで4,000円（小学生以下は3,500円）である。

〈平成25年度の利用状況〉 （単位：人）

4月	5月	6月	7月	8月	9月	10月	11月	12月	1月	2月	3月	計
213	166	267	415	761	285	186	130	95	189	140	200	3,047

　利用者数は3,000人レベルで推移しており、平均客単価が2,000円で算出されるので、約600万円ほどの収入となり、黒字となっている（平成26年度）。

　ちなみに行政からの支払いは指定管理料のみである。管理者の方の自主努力に委ねられることになる。その管理者は住民グループ

「ハーモニーライフクラブ旭」の田上幸輝代表。Uターン組だ。独自の企画力とネットワークを持ち集客力があること、運営方針が明確であること、田上夫妻が2人そろって努力家であること。これらの要因が経営上の好結果と地元の好印象をキープしているようだ。したがって行政としては、田上代表らの運営方針には口出しせず、代表の働きやすいようにして管理や制約等はしないという姿勢をとっている。

夫妻のチエと工夫に皆が納得

例えばこの施設では、写真のような小さな椅子（てるぺん）を制作販売している。この小さな椅子（てるぺん）は自由に数多く組み合わせ特別な造形を創ることができる。子供たちや大人の自由な発想を引き出す道具として開発、販売されるのだ。㈱学研とも、この「てるぺん」を通じて協力し合う関係にあり、そのつながりからもさらに多くの企業の研修場として施設の利用が広がっている。

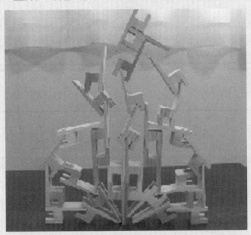

小さな椅子（てるぺん）を組み合わせた造形

3章　廃校活用の諸制約とその超え方

　成人した人たちの癒しの場、企業や大学の研修の場。大人の居場所のなかで重宝される玩具である。小さなことで地味なようだが、訪れた客を十分に癒し、満足して帰っていただくことに重点を置いている例だ。こうしたことの積み重ねが優れたもてなしになっている。「特別なことはしない、お客さんを大切にする」。この経営方針と人柄が「山の楽校・自然の宿あさひ」を人を惹きつける独自の存在にしているようである。

　そのこともさることながら住民サイドで評判が良いのは、廃校が学校の姿のまま残っていること、年間3,000人の訪問客が訪れ賑やかなことで地元が活気づいていることからである。いずれにせよ、田上代表の確固たる運営方針が発揮され、そしてそれを担保する行政の「金は出さないが、口も出さない」姿勢がいい結果を生んでいる事例である。

　　〈山の楽校・自然の宿あさひ〉

　〒771-4502　徳島県勝浦郡上勝町大字旭字中村72

　℡ 0885-46-0249　　　代表　田上幸輝

（例2）　　河辺ふるさとの宿（愛媛県大洲市）

三方を1,000m近い山岳稜線に囲まれる

　河辺村は今でこそ大洲市の一角に入っているが、平成の合併までは人口1,300人弱、愛媛県喜多郡の最北端にある山村自治体であった。松山市から南東へ66km。西部を除く三方はいずれも1,000m近い山岳稜線に囲まれた急峻な渓谷の村である。

　その喜多郡河辺村の時代の昭和52年に、大伍小学校が廃校。まだ建物も新しくきれいであったこともあり、「民俗資料館」として2年間ほどは利用された。

139

旧大伍小学校　界隈は坂本竜馬脱藩の道が通る。

　しかし過疎化が進み利用する人が減り、資料館の維持も困難になってくる。そこでより効果的な利用方法の検討が行われ、昭和55年からスタートした「第三期山村振興等農林漁業特別対策事業」に呼応する形で「河辺ふるさとの宿」を構想。昭和63年7月に開設するのである。その時の財源手当は次のとおりである。

```
開設時改修工事費　128,667千円（事業主体：河辺村）
    国：　　　41,185千円(山村振興等農林漁業特別対策事業)
    起債：　　71,500千円
    河辺村：　15,982千円
```

　建物の使い道は以下のようになっている。なお、民俗資料館当時での建物は行政財産のままで利用していた。しかし宿泊施設に変更した時点で校舎は、行政財産から普通財産に改められた。
〈宿泊棟〉木造二階建瓦葺、808.17㎡
　1階　大ホール(定員150名)・食堂(定員48名)・売店・事務所
　2階　宿泊室（7室）　合計定員45名
〈浴室棟〉鉄筋コンクリート2階建、178.5㎡
　1階　厨房
　2階　展望浴室（男・女）

ちなみに敷地面積は3,000㎡近くあり、広大である。

管理運営は㈱ゆうとぴあ河辺

管理運営は河辺村が「ふるさとの宿」を運営するため、昭和63年に第三セクターの㈱ゆうとぴあ河辺を設立、ここが管理委託を受けている。大洲市に合併された現在も引き続かれ、その管理体制のままに維持されている。

㈱ゆうとぴあ河辺は資本金2,600万円、行政の出資金は1,300万円（出資割合50％）である。他は地元の個人、法人、農協、森林組合などで残りの1,300万円（出資割合50％）を持つ。株式数は520株。役員は代表取締役（大洲市長）、取締役5名、監査役2名である。しかし全員非常勤であり、実質的な管理運営は河辺村にUターンで戻ってきた田中現裕支配人が担っている。

第三セクター方式を採ったのは運営上の理由であり、集客方法や企画がある程度自由に行えることを期待したものである。正社員は支配人の田中氏1名で、後は全てパートの人で対応している。食事担当（3名）、掃除等担当（4名）、公園管理担当（2名）、事務担当（1名）といった具合で、パートの総勢は10名である。

指定管理者制度で㈱ゆうとぴあ河辺は行政と契約。一部は市の予算で運営している。ただし、指定管理料は842万円で収入の27％程度と少ない（次頁の平成26年度決算表参照）。ここ数年は赤字である。その理由の一つには平成の合併で大洲市と一緒になり、そのことで旧河辺村として持たれていた宴会収入（300万円程度／年）が減少したことにある。今は近隣の集落の法事などが限られた宴会収入となっている。市町村合併の影の部分を見る気がするというものだ。

社長も大洲市長として大洲市議会からも経営への厳しい指摘を受けている。しかしこの施設については、基本的に存続維持する姿勢をとる。それだけに今後とも集客の拡大、赤字の解消等などの努力は避けられない。また校舎の老朽化による不具合、耐震問題など、今後自治体サイドとしての課題も生じてくると案じられている。

経営的には若干の赤字となっているが

　年間の利用者数は2,000人弱である。季節によってその人数の差は大きい。5月〜8月の4か月は多い。特に7〜8月になるとこの2か月で800名程度と年間の半数近くになる。この夏休み時期は四国各地や関西地区からの子供たちの合宿が多い。他の季節も子供連れの家族が圧倒的に多い。小学生、中学生が70％を占める。その一方、12月〜2月の冬場の3か月間では利用客は140名と8％しかない。利用料金は、相部屋で大人・中高生は3,100円、小学生は2,100円である。

　定休日は毎月第二と第四の月曜日。営業時間は午前9時〜午後5時。もっとも宿泊客がいる場合には、もちろんそうした時間的制約はない。

　こうした利用条件の設定の結果、経営状況はどうか。平成26年度では、決算は収入合計3,118万円で支出合計3,313万円であり、195万円の赤字である。もっともこの数字については、大洲市サイドは「若干の赤字であるが、修正可能な金額」と見ている。すなわち「ふるさとの宿」の河辺村地域における活性化策として長期の実績があること、また安定していることを評価しているのである。考えても見れば、そもそもの人口1,300人の河辺村の「ふるさとの宿」に、年間2,000人弱という利用客数である。地元の人も「地元も賑わっている。子供たちの宿泊は地元の活性化になり歓迎できる」としている。高い評価を得て当然だろう。

〈平成26年度決算〉（税引き前）　　　（千円）

収入		支出	
指定管理料	8,420	人件費	14,194
利用料金（室料）	6,390	一般管理費	11,165
売上げ	16,365	仕入れ	7,741
その他	5	消費税差損	31
合計	31,181	合計	33,133

支配人の意気込みと評判、誘客の工夫

　こうした状況下で、田中支配人は様々に作戦を考え、取り組もう

3章　廃校活用の諸制約とその超え方

としている。そして次のように抱負を語る。

「集客数を見ると小学生・中学生の集団利用が過半数を占める。特に夏休みが狙いだ。関西地区の小学生スポーツクラブ、学校関係へのアプローチを強め、年間利用者数を2,000名に増やしたい。インターネット、紙媒体等で周知活動も積極的に進める。情報発信を強化し団体客の研修、合宿利用を呼び込む。季節に合わせたミニウォーク、坂本竜馬脱藩の道ウォーク、さくら祭やホタル祭など、宿泊を組み合わせたプランを実施していきたい。特に坂本竜馬脱藩の道ウォークには、平成26年度は100名ほど参加、平成25年度より7名減ったが、リピーターも多く良い評価を頂いている。これを伸ばしたい。」

確かに「河辺ふるさとの宿」は文字どおり山間の地にあり、交通の便は決して良くはない。11月の終わりや12月の初めに積雪もあり、冬季のアクセスの悪さが集客数の悪さにつながっている。道路の拡張等は短期的に解決が困難である。しかし、このことはある種（他人とは異なることをしたい等）の人々にとっては、貴重な訪れたい宿となる。冬季は人が来ない秘境の宿として、限定した宿泊客の集客などの対応は可能ではないか。送迎付きで宿泊費用に送迎費用を付加しても十分に集客できよう。

観光面でも、周辺に屋根付橋が8つ現存し、「浪漫八橋」として積極的にPRしている。恋人たちのパワースポットとして、8つの橋を巡る「恋人橋」を目玉に若人たちの集客を狙う。

こうした田中支配人の誘客への工夫と意気込みは、Uターン者としての広い発想に支えられているといえる。しかし一人の力だけでは限りがある。それだけに訪れた人のフォローを大事にし、インターネットでの「おともだち」の開拓を試みるなど、全国への輪の広がりにも工夫しているのである。

　　　〈河辺ふるさとの宿〉
　　　〒797-1606　愛媛県大洲市河辺町三嶋134
　　　℡ 0893-39-2211　　支配人　田中現裕

(例3)　　　　みらい館大明（東京都豊島区）

　豊島区池袋にある「みらい館大明」は、平成17年に廃校となった区立の大明小学校の跡地を活用した文化交流施設である。概要については既に105頁で触れたところである。重複を避けつつ、もう少し詳しく紹介する。

旧大明小学校　頻繁にイベントや講座が催されている。

東京の廃校活用例として注目される

　豊島区では「区民活動センターあり方検討委員会」など、区民や区民団体による地域活動の活性化、協働などを進めているが、この「みらい館大明」は区民が主体となった協働パートナー事例の一つとなっている。池袋駅から約15分の徒歩圏にあり好立地である。

　施設内容としては区民の活動場所としてだけではなく、NPOのオフィスやサークル活動への施設貸し出し、映画やイベントの撮影場所としての賃貸などを行っている。「地域づくり」と「学び」を事業の柱とし、地域の交流イベントや各種講座の開設等を行う生涯学習施設となっているのだ。

廃校及び活用案決定の経緯

　東京とは言え少子化は場所を選ばない。豊島区は子供の減少に伴い、平成９年度に区の学校統廃合計画を策定する。その一環として大明小学校が統廃合の対象となる。平成17年３月に大明小は廃校。当初跡地は大型児童館の建設が計画されていたが、財政難で中止。

3章　廃校活用の諸制約とその超え方

　廃校になる前年の平成16年5月、従前から学校との結びつきが強く、地域で活用できる施設としてそのまま残したいと考えた地域住民が、「廃校後の施設を考える会」を結成。署名活動を展開したのち、校舎存続の請願書を区議会に提出するのだ。

　請願は採択される。そして廃館が予定されていた近隣の青年館の利用団体とともに、「大明小跡施設運営協議会」（町会関係者、青年館関係者、小学校OBら計50名の理事）が結成される。そして利用方法を検討のうえ、平成17年10月に大明小学校は「みらい館大明」として開館スタートするのである。ちなみに豊島区は廃校と同時に土地・建物を普通財産化している。

管理運営はNPO法人「いけぶくろ大明」が受託

　みらい館大明の管理運営はNPO「いけぶくろ大明」が担当する。平成17年11月に「大明小跡施設運営協議会」が中心となって設立した組織だ。廃校活用案の検討段階から、「施設の運営は住民主導で行う、それにふさわしい組織を持とう」と設立したものである。現員16名（常勤1名、非常勤3名、パート12名）で構成される。

　NPO「いけぶくろ大明」は行政と毎年度、管理運営に関する契約を締結する。大規模修繕は区が行うが、それ以外はNPOが行うこととされる（ちなみに大明小学校は昭和48年に建設、昭和58年に増築されているが、平成4年には大規模改修が行われている）。

　「みらい館大明」は公的な助成金をあてにしないというNPOの方針のもと、施設保全についての手続きや、運営へのアドバイス等は区からあるものの、また、区から協働事業として提案された若者支援事業の一部を区が負担している以外は一切助成金なしで展開している。全国でもたいへん稀有な事例と言ってよいだろう。平成26年度の施設貸出事業に係る具体的な決算は、720万円の黒字である。

　〈平成26年度決算〉

　　収入　　5,032万円（施設貸出料がおおむねである）

　　支出　　4,312万円（人件費が半分弱である）

```
収支        720万円
累積収支   1,985万円
```

利用者たちの評判は良い

　利用者の実態は施設の貸出事業が主である。内訳は近隣の住民・団体の利用が1/3にとどまり、区域外の利用が2/3になっている。もっとも地域交流イベント事業や地域の防災拠点として利用されていることは留意して良い。料金は、例えば会議室で見ると、午前で1,200円、午後で1,600円、全日で4,400円となっている。

```
〈利用者層〉
　　当該区域（中学校区相当）の住民・団体　全利用者の約1/3
　　当該区域外(近隣県も含む)の住民・団体　全利用者の約2/3
〈利用者数等〉
　　平成26年度　登録団体（累積）　　1,174
　　　　　　　　利用者数　　　　　174,376人
　　　　　　　　全室稼働率　　　　　54.9%
```

　貸出料金が安い、無償貸出の道具が多く便利、という口コミが広がり利用者が多いという。特に近隣地域の利用を優先し、地区内利用者は一般負担額の半額、子供会は1/4としている。住民サイドからは騒音等の苦情もあるが、それ以上に「人通りが多くなり、防犯上、安心だ」という声が少なくない。行政サイドも「生涯学習の拠点ともなり、防災拠点ともなっている」として高く評価している。

女性館長の切り盛り

　この廃校活用で特筆すべきことは、何と言っても施設運営の自律性である。この校区は従前から地域住民の小学校に対する関心が高い地域であったと言われる。そもそもが分校として大明小学校がスタートしたことから、自分たちが責任をもって学校を守るという意識が高かったのである。現に昨今も「公的助成をあてにしない」という方針を確認し合ってきているのだ。

3章　廃校活用の諸制約とその超え方

　立地上の優位さはあるにしても、館の運営を切り盛りするのはな
かなか容易ではない。館長（理事長）は近隣の美容師の杉本カネ子
さん。平成4年から空き教室利用の運営委員長も経験しており、地
域人脈が豊富だ。その人脈を生かしながら、あるいは近所の人たち
や小学校OBらの協力を広くボランティアとして受けている。こう
して日々のコスト削減を図り、行政に頼らぬ経営の実現に腐心して
いるのだ。ヒトが勝負の廃校活用例として注目されてよいだろう。

　　〈みらい館大明〉
　　〒171-0014　東京都豊島区池袋3-30-8
　　☎ 03-3986-7186　館長（理事長）杉本カネ子

②　チエと工夫が勝負！　というケース
　2つ目として民間がチエ（やり方）と工夫を重ねている廃校活用ケー
スを紹介する。例1は「のき山学校」（愛知県東栄町）を再掲し（91頁）、
その指定管理者のNPO「てほへ」の活動にもう一度焦点を当てる。例
2は「星ふる学校くまの木」（栃木県塩谷町）の取組みを紹介する。

（例1）　体験交流館「のき山学校」（愛知県東栄町）

　愛知県の東栄町。ここの東部小学校が平成22年に廃校になり、平
成26年に体験交流館「のき山学校」に転用された。前に既に触れて
きているが（91頁）、ここでは「のき山学校」の管理運営を任された
NPO「てほへ」の経営面でのチエと工夫の取組みを紹介しておく。
体験交流の企画をあれこれと実行
　NPO「てほへ」は、地元東栄町の出身の理事長の下で和太鼓集
団「志多ら」とそのファンクラブのメンバー等26名で構成される仲
間たちだ。
　平成26年5月から「のき山学校」の管理運営を始める。以降、石

147

窯手作りピザ体験、和太鼓体験、木工体験などを次々に企画実施している。平日、地元の方の来客数＋土日の町外来客数で年間8,000人程度を集客。年間30本のイベント開催数である。地元の方々に、「何かお祭りみたいなものをやっているんだ感」を持たせていることは確かである。また、中でも地域が納得するひとつが空き家対策である。毎年3軒ずつ改装し、人を呼び込むベースにしている。

のき山学校通信

3章　廃校活用の諸制約とその超え方

　その一方で注目すべきは、国や県などへのPRも兼ねた発信や補助金獲得の働きかけである。平成25年には奥三河を元気にする活動として認定され、過疎地域自立活性化優良事例賞で総務大臣賞を受賞する。また翌年の26年にはふるさとづくり大賞団体賞を総務大臣賞として受賞している。

　また県（愛知県）からもしっかり補助金を得て、地元への還元を図ってきている。具体的には、緊急雇用創出事業基金事業・起業支援型地域雇用創造事業「遊休建物を活用した交流モデル事業」を受託（27年度）する。そして助成金の付いたイベントを年間16回、自主イベントを含めるとトータルで30回ほど開催。参加者総数は30回×参加者50人＝1,500人という大きな活動となっている。

　さらには「のき山放送局」なるPR事業も本格化している。奥三河の地域情報発信を担い、奥三河のき山放送局としてCATV向け映像番組を制作。平成26年度末までに、15分番組を56本制作、各地域のCATV局で放映しているのだ。インターネット配信も行っている。

　そして更にもうひとつのペーパーでのPR活動として「のき山学校通信」も発行する。実施するイベント情報を掲載する一方、活動の地元への浸透を図るのだ。

補助金獲得にも挑戦するが課題は残る

　それにしてもNPO「てほへ」のユニークなところは、国、県、町が呼びかける様々な補助金への関心度である。各種の補助金情報を町職員との良好な関係の中でいち早くキャッチし、その補助事業を「のき山学校」の事業に組み入れようとするのである。使えるものは使おう。この元気さは楽しい。もちろん他力本願ではない。自らもカフェ「のっきい」を立ち上げて、自主財源の確保にも取り組んでいるのだ。

　だが、活動の決算は次に掲げるように赤字である（平成25年度）。しかしここでは企画力、行動力、広報力、人脈力の面でのNPO「てほへ」の実績を評価したいものである。そして経験豊富なNPO「て

149

ほへ」でさえも赤字を出す年度もある。それほどに廃校活用には課題があるということであり、そのための事例としてここに再録した。

活動計算書（平成25年度）（千円）

- 経常収入　　　・・・9,154
- 経常費用　　　・・・8,585
- 管理費　　　・・・・1,353
- 経常費用合計　　・9,938
- 当期経常増減額　・・・▲783
- 法人税、住民税など　・・▲121
- 当期正味財産増減額　・・▲904
- 次期繰越正味財産額・・・1,160

〈東栄町体験交流館　のき山学校〉

〒449-0206　愛知県北設楽郡東栄町下田軒山13-7

℡ 0536-76-1722

（例2）　「星ふる学校くまの木」（栃木県塩谷町）

「廃校活用をして地域の安らぎの場を作りたい」

　塩谷町は栃木県のやや西北に位置し、東は矢板市、西は日光市と接する面積176㎢、人口12,057人（平成27年9月現在）の町で、北部は林産資源に恵まれ、南部は肥沃な農業地帯となっている。

　「星ふる学校くまの木」は塩谷町立の旧熊ノ木小学校を転用した施設である。文部科学省の「廃校活用50選」の一つとして選ばれている、宿泊機能も備えた施設で、地域の人がインストラクターとなる体験教室や天体観測などで顧客を獲得している。

　「星ふる学校くまの木」は塩谷町の廃校利用の第1号であり、その発足はかなりユニークだ。すなわち地元は、①スクールバスを出すこと、②校舎は残すことの2つの条件で閉校を認める。そして「校舎を活用して、地域の安らぎの場を作りたい」という篤志家の

行動もあって、塩谷町は活用案を提示させる。その案をベースに農林水産省の安らぎの交流空間整備事業を活用して、校舎をリニューアルし、宿泊機能や天体観測ドームを持った施設として平成14年に開業したものである。

施設周辺は、周囲の明かりが少なく、空気が澄んでいる絶好の天体観測スポットである。平成12年には全国で一番、星が見える場所に選ばれた。これが星ふる学校名の由来にもなった。

旧熊ノ木小学校　全国で一番星が見える場所といわれる。

町とNPOは管理委託・賃貸借契約を結ぶ

施設は「NPO法人くまの木里の暮らし」が管理運営を行っている。常勤4名（事務局長1名、住み込み管理人夫婦2名、厨房1名）のほか、パート・アルバイト8名が携わる。

町はこのNPOと管理委託・賃貸借契約を結んでおり、NPOは町に使用料84万円（地代家賃相当、平成26年度）を支払い、町はNPOに管理委託料90万円（使用料見合い、平成26年度）を支払っている。

宿泊事業は、施設利用者からの宿泊料等で採算が取れている。それは、地元に進出してきた高等学校（日々輝学園高等学校）が恒常的に利用していることや、首都圏の各団体に口コミで評判が広まり利用客が比較的多くなってきたことによる。ちなみに平成26年度の

年間宿泊者数は5,854人であり、1日平均16人となっている。

宿泊交流体験にきめ細かいメニューを提供

「星ふる学校くまの木」の運営には様々なメニューが工夫されている。例えば利用者の特定の層に合わせ、宿泊施設等もそれに合わせた内容としている。すなわち小中学生等の合宿利用を主体とするため、教室を改造した寝室は和室と2段ベッド室があり、水場・トイレ・風呂は共用である。定員は78人。

体験プログラムもそば打ちや、豆腐やみそづくり、魚つかみ、わら細工教室、自然観察会など多彩に用意されている。体験プログラムの指導には地元住民も協力する。大学の合宿や運動会などのほか、同窓会、企業や団体の会合、里山の写真撮影のための宿泊などでも利用される。また「星ふる学校」はその名前のとおり美しい星空が売りであり、校庭には口径35センチの反射望遠鏡を備えた天体ドーム「くま天童夢」が置かれる。

星ふる学校「くまの木」の利用料は、1泊2食付き大人5,800円、小中学生5,250円。素泊まり大人、小中学生とも3,100円。一番人気の体験プログラムである天体教室の料金は1人300円である。

NPOの加納麻紀子事務局長は「よそ者」

さてこの「NPO法人くまの木里の暮らし」の加納麻紀子事務局長は「よそ者」である。東京都からやってきた。（社）農村環境整備センター（現在の（一社）地域環境資源センター）で農村地域における環境教育活動（「田んぼの学校」）の普及・推進などに携わっていた。しかし「くまの木」の事務局長の公募に応募し、平成22年に家族とともに東京から塩谷町へと移住をした。

「くまの木の役割は"自然と調和した暮らし、農村・食べ物の大切さを表現していくこと"。都市と農村をつなぎ、農村の魅力を伝えること」だという。そういえば食事は地産地消を強くアピールしている。あるいは宿泊事業で出した黒字は、NPOの他の事業に用いている。ここに加納麻紀子事務局長の思いがあるといってよい。

NPOと行政での展望や方針の共有は課題に

　ところで「星ふる学校くまの木」の運営については、廃校活用での本質的な課題も抱えている。管理運営を巡る行政と管理委託者との考えの違い、展望や方針の共有の難しさである。もっともこの考えの違いはひとり塩谷町の問題ではない。全国の自治体と管理者との間で生じている課題とも言える。そういう点で次にやりとりを参考として載せておきたい。

〈NPO事務局の意見〉

　施設運営に関し、行政（町）には明確な展望や方針がやや薄いように思われる。

① 「星ふる学校くまの木」では、スポーツ団体等の合宿も多く受け入れている。町の体育施設等との連携を図り積極的な誘致をすれば、さらに利用が広がる可能性がある。また町内には釣り客やゴルフ客も多い。こうした動きも取り入れながら新たな需要開拓をしていくなど、町全体として既存の施設や取組みを有機的につなぐことで交流人口を増やしていく、あるいは地域を元気にしていく、そこに当該施設を活用していく。そういった視点があまり見られない。

② 町全体としての施策の中で、当該施設をどう位置付け、また、いつまでどのように使っていくのかという方針が不明瞭な部分がある。本来こうした方針のもとに、必要な改修や修繕を計画的に行っていくべきと思う。が、老朽化（瓦の葺き替え、外壁の張り替えなど）への対応も後手に回ってしまい、予算確保も容易でなく、場当たり的に最低限の補修をする状況になってしまっている感が否めない。

〈行政サイドの意見〉

① 校舎施設を行政で維持し続けるのは課題が多い。だがNPO法人が発足して活動を重ねてきており、その事業に地域住民の支持もあるだけに、手放すといったことは難しい。

② 行政（町）としては都市農村交流事業を評価しており、公募人材を活用もしているので、NPOの管理運営は尊重していきたいものと考えている。

③ 本事業に投入する予算規模（大規模修繕費用と毎年度補助）は、市の施策全体とのバランスを見て決定する必要がある。

④ 施策の連携やバランスをとるうえで、個別の廃校利用を管理する団体でなく、廃校全体を管理する公社的なものが求められている。

　すなわち町としては「星ふる学校くまの木」の事業の経緯や活動には一定の評価をする。しかし町政全体とのバランス上、現状以上に積極的に対応することはつらいとの姿勢だ。それが管理運営団体のNPO側には、行政の方針が不明確と映るのである。

　それにしても、釣りやゴルフで町に来る客などへの新たなサービス提供の必要性などは出てきている。そのため観光や商業振興といった行政部門との協働や、首都圏の需要開拓などでの他組織との連携の可能性などを探ろうという方向は、今後模索されてよいだろう。

〈星ふる学校くまの木〉

〒329-2213　栃木県塩谷郡塩谷町大字熊ノ木802

℡ 0287-45-0061　事務局長　加納麻紀子

3　企業誘致による廃校活用の場合

　民間による廃校活用のケースの3つ目として、ここでは民間のチエとカネを活用する最右翼ともいえる、企業誘致による廃校活用例を見ていく。もっともその実績は全国的にも少ない。文部科学省の調査で見ると廃校利用されているケースのうち、企業等の施設・創業支援施設の割合は7.4％でしかない（56頁）。しかし、その有用性に注目し、ここでは廃校利用への企業誘致のノウハウを示していきたい。

3章　廃校活用の諸制約とその超え方

いくつかの企業誘致例から見えること

　廃校への企業誘致は地元や自治体にとっては美味しいものである。何よりも雇用が生まれ、税金収入が見込め、コミュニティが活発になる。（一社）日本立地センターの資料を基に、最近の企業進出による廃校利用の一例を以下に示す。業種も営業形態も様々である。

企業誘致での廃校利用例

	企業名	事業内容	開設年
北海道白老町	ナチュラルサイエンス	化粧品、健康食品製造販売	2013
北海道小清水町	㈱山口油屋福太郎	辛子明太子製造販売	2013
秋田県大館市	白神フーズ㈱	生ハム製造	2008
秋田県美郷町	ENEX㈱・他2社	ヒートポンプシステム組立	2013
秋田県羽後町	明通りチーズ工房・他2社	チーズ製造販売	2011
福島県三春町	ガイナックス	アニメ・ゲームソフト企画制作	2015
三重県名張市	ヤマト運輸㈱	コールセンター	2009
〃	山本光学㈱	スポーツサングラス製造	2010
兵庫県養父市	日の出通商㈱	醸造酢製造販売	2008
香川県三豊市	㈱四国電気システム	植物工場	2015
福岡市添田町	㈱山口油屋福太郎	辛子明太子製造販売	2014
大分市国東市	ヘルメット潜水㈱	ウエットスーツ製造販売	2008
熊本市芦北町	㈱アクアピア	パッケージアイス製造販売	2014

〈資料「一般社団法人日本立地センター」〉　　（平成27年）

　経済産業省の「工場立地動向調査」（平成26年）によれば、工場の立地選択理由のトップは「地価」である。上記の廃校進出企業全ての建物・土地の契約形態の詳細は明らかではないが、幾つかの企業での契約内容から判断すると以下のようになる。

　①　所有権の移転が行わなければ固定資産税の支払い義務がなく経費を低く抑えることができる。

　②　土地無償貸付＋建物有償貸付（日の出通商、白神フーズ）、土地有償貸付＋建物無償貸付（ENEX、アクアピア）など賃貸価格面での優遇措置がとられている。

155

③　賃貸料金は、ENEXが7.5万円／月、日の出通商で200円／㎡（建物床面積）であり、四国電気システムは10年間土地建物を無償借り受けとなっている。賃貸料は各社とも多くても月に10万円程度である。

　廃校を持つ自治体では長期的な視野で企業を誘致することが重要になる。賃貸料は無償でも、廃校を利用してもらうことを優先して考えれば多様なチエが生まれ、誘致する企業への作戦が執れる。廃校利用の最も重要なテーマは、「地元に人が集うことが元気の源である」ということだろう。そうすれば、お金に代えられないメリットが確保できることになる。

廃校活用に企業誘致や起業家誘致を試みた例

　ではここで、企業誘致を廃校活用に試みた２つのケースを紹介する。例１は養父市（兵庫県）の取組みであり、もう一つの例２は新城市（愛知県）の「つげの活性化ヴィレッジ」の取組みである。

（例１）　　廃校への企業誘致（兵庫県養父市）

　兵庫県の北部山間部に位置する養父市は人口2.4万人（平成26年）。兵庫県最高峰の永ノ山の麓に位置し、豊かな自然環境が取り巻く農村地域だ。しかし人口減少は著しい。それだけに地域の活性化に力を入れる。農業での「国家戦略特区」の指定（平成25年）も受け話題となっている。分けても特に企業誘致に積極的で、既に10年以上となる。「廃校に企業を」のパンフレットを作成配布。これらが兵庫県内の企業の目に留まり、次々に企業が進出した。

全国に先駆けての企業の廃校活用

　そうした働きかけを重ねる中で、養父市は「がんばる養父市企業誘致プロジェクト」で平成24年度土地活用モデル大賞審査委員長賞（都市みらい機構）を受賞している。廃校活用の第１号となった但馬醸造所の誘致が評価を受けたのである。その折、養父市はこう挨拶した。

　「少子高齢化と都市部への人口流出に歯止めがかからず定住人口

が減少傾向となり、地域コミュニティの希薄化や集落そのものの存続が懸念されている地域において、養父市が中心となって廃校となった小中学校に企業を誘致し地域の活性化を図ったものです。廃校をコミュニティ活性化の場として活用する事例は全国に多々ありますが、企業を誘致することで特に雇用の場が少ない地域において、20名以上が働く貴重な事業所（お酢を中心とした調味料の製造工場）となっています。また、市内の小学校の社会見学のほか地元農家による指導と素材を活用した料理教室の開催や、企業と住民とのふれあいの場である交流会を定期的に開催し、地域コミュニティの再生を図っています。

　全国的にはいまだ利用がなされていない廃校舎が多く、また自治体等が資本投資の主体となる利用事例が多いなか、100％民間企業による廃校の活用は、「地域に負担の少ない」活用事例として、廃校を持つ多くの自治体の参考になる事例です」。

　廃校舎への企業誘致プロジェクトへの期待と自信が大いに伝わるというものである。

次々と廃校舎の活用を求めた企業

①　まず第1号の進出があったのは平成20（2008）年に旧西谷小学校である。食品カンパニーである日の出通商㈱の但馬醸造所として稼働したのだ。体育館は屋根の高さを利用して大型の貯蔵タンクを設置、旧職員室は事務所、理科室は製品の分析室、その他は倉庫として活用する。校舎は食品製造業にとって比較的利用しやすく、廃校利用の1つの典型的な例と言える。特別な税制優遇制度も提案していない。通常の市内への企業進出時に適用される振興奨励制度の内である。

②　平成19年には、構造改革特別区域法の認定を受け、旧大谷小学校が広域通信単位制高等学校「第一学院高等学校　養父校」として再生。広域通信単位制高等学校を開設し毎週100～150人の生徒が2泊3日のスクーリングに訪れ、多くの感動を体感している。

③　平成22年には㈱オーシスマップ（地図情報処理会社）が旧青渓中学校に進出。「オーシスマップ青渓技術センター」を開設する。進出の理由は、安くて広い仕事場が確保できること、初期投資が抑えられること、周辺の環境が良く社員が喜んでいること等を挙げている。現在は、運動器具を置いたスポーツジムの部屋、育児室、食堂などと広さを十分に活用。ちなみに廃校利用だからということでの特別な税制優遇はない。

養父市作成の学校跡地への企業誘致パンフレット

3章　廃校活用の諸制約とその超え方

④　さらに平成24年、同市には３例目となる、廃校利用企業の誘致に成功。㈱ヤブ・ハシマ（スナップリング製造会社）が浅野小学校に、㈱ハシマ養父工場として進出したのである。体育館は、スナップリング（止め輪）を製造するためのプレスの場に、校舎は製造施設のほか、事務室や従業員のための食堂や休憩室に生まれ変わった。同社では「地域と密着した工場」として、校庭や校舎の一部を地域住民に貸し出し、スポーツやコミュニティ活動の振興にも活用している。

廃校舎への企業誘致は有用だ

廃校舎は利用価値が高いといえるようである。廃校そのものが企業にとって有効で魅力ある設備なのだ。このことを自治体は企業誘致に際し、大きな長所と捉える必要がある。企業、自治体、地元の三者が喜んでもらえる廃校利用の典型的な実例である。

もっとも他方で、養父市は企業誘致のために奨励金制度や融資制度などに力を入れ、受け入れのためのもう一つの体制を持っていることは知っておかねばならない。

いずれにせよ廃校に企業を誘致することは、「地域が元気になり負担の少ない」活用事例として重要である。雇用創出とそれに伴う定住人口の増加。さらに廃校に灯がともり、地域コミュニティが再生する。廃校の改修費用も企業が負担することも多いのである。

〈養父市役所〉

〒667-8651　兵庫県養父市八鹿町八鹿1675

℡ 079-662-3161

159

（例２）　つげの活性化ヴィレッジ（愛知県新城市）

　ここでは愛知県新城市での起業家誘致としての廃校活用例を取り上げる。まずはそのニュースを掲載した地元紙を採録する。

平成27年10月21日「東愛知新聞」

つげの活性化ヴィレッジ　きょうから新城市募集
　起業家へ教室を貸し出し　廃校舎を有効活用

廃校となった旧黄柳野小学校を活用。
建物全体の外観（市提供）

　新城市はきょう21日から、閉校した小学校の教室をオフィスとして起業家に貸し出す「新城市つげの活性化ヴィレッジ」の入居者募集を始める。募集期間は11月30日まで。施設利用料は無料。書類審査や面接などを経て12月下旬に決定する。
　廃校舎の有効活用と地域の活性化を目的に、2013（平成25）年３月に閉校した黄柳野（つげの）小学校を、約280万円の費用をかけて、部屋のカギの取り付けや電気設備などの改修工事を行った。
　オフィスとして貸し出す部屋は全７室で、１室は24〜47.5平方メートルの広さ。賃貸料金や駐車料金はかからないが、水道、電気料金などの共益費が月１万7,000円〜２万7,000円ほど

3章　廃校活用の諸制約とその超え方

必要となる。

　対象は起業して5年以内の法人か個人で、入居者の半数以上が50歳未満であること。また、利用条件として積極的に市主催の事業やイベントに参加することや、地域とのコミュニケーションを図ることが求められる。

　使用期間は原則3年以内。オフィスとしては週3日以上使用しなければならない。申し込みは、申請書や事業計画書などを市に提出する。

　施設の内覧会が31日、11月8日、同月20日にある。申し込み、問い合わせは市企画部企画政策課（0536-23-7621）へ。

新城市が平成27年11月に発表した廃校活用の、具体的な「つげの活性化ヴィレッジ」入居者募集要項は以下のとおりである。

〜都会に近い田舎で起業してみませんか？〜

　「新城市は、廃校になった『旧黄柳野小学校』の教室を一室ごと区切り、オフィスや作業場として使用を希望する起業家への貸し出しを、平成28年1月から開始します。『つげのヴィレッジ』という愛称で、多くの方に親しまれる施設にしていきます。

　新城市は、JR飯田線が市内の中央を走り、市街地、山、高原、清流、温泉、牧場、田畑、工場、まもなく新東名高速道路が開通となり東京や大阪へのアクセスも良い場所です。市域の84％が緑に覆われた木材の宝庫でもあり、温暖な気候で新鮮野菜や果物が年中味わえます。」

この募集の結果、以下のような応募があり、第1弾として平成28年1月に次の2組の入居者が決まった。

　一社は「㈱みかわ元気ものがたり」。インターネットで特産品の開発や販売を行う会社である。代表者は地元出身者でこれまで豊橋

161

市で事業を行っていた。オフィスをⅠターンさせた形だ。もう一社は「エンディバー・リサイクル」。やはりメンバーは地元であり、インターネットを使ってリサイクル商品を取り扱おうとするグループである。

入居の理由としては、家賃が低額であることと、インターネットを使えば環境のいい田舎でもビジネスができることが挙げられた。さらに将来的には、外国人の雇用も射程に置き、インバウンド観光にも発展させたいとの抱負も持つという。

「つげの活性化ヴィレッジ」プロジェクトは、このように起業家の育成を図るものである。しかしそれにとどまらず、そうした起業家たちが、このオフィスを起点に新城市全体の活性化につながることを行政は期待しているのである。

（問合せ先）　新城市企画部企画政策課

TEL 0536-23-7621

〈注〉

新城市が行った起業家たちへのサポートとしての廃校活用は、東京の台東区にその先例がある（109頁）。「台東デザイナーズビレッジ」がこれであり、起業家を育成するとともに卒業生が将来的に地元に定着し活動することを期待しての廃校活用例だ。その点で大いに類似するといってよいだろう。

台東デザイナーズビレッジは、ファッション関連ビジネスを対象とした創業支援施設で、「デザイナー」を育て、地元のファッション関連業界をサポートするために設立。平成16年4月に開設。新城市と同様に行政（台東区）が直営しているが、直接行うことで、入居者への賃料を安く設定できる（20〜40㎡の月額賃貸料8,000〜16,000円）というメリットがある。

3章　廃校活用の諸制約とその超え方

 さらに聞きたいこと、知りたいこと

　全国の先行事例ヒアリングを経るなかで、廃校活用に当たっての幾つかの共通する質問がしばしば出された。それらについて以下にQ&A形式で記しておく。

Q1　指定管理者制度は廃校活用にはうまく機能しているのか、問題はないのか？

　指定管理者制度は、それまで地方自治体やその外郭団体に限られていた公の施設の管理・運営を、営利企業や財団法人、NPO法人、市民グループなどの法人に包括的に代行させる制度である。平成15年の地方自治法改正でスタートした。廃校活用に当たっての、この指定管理者制度の評価を巡っては以下の2つの面（①、②）から見ていきたい。

① 自治体が主導権を持たず指定管理者の裁量が大きい場合

　廃校管理に指定管理者制度を導入しているが、自治体の経営意向を優先するのではなく、管理者の自主性や独自のネットワークを重視し、その運営を任せているといえるケースである。

　例えば東栄町の「のき山学校」（91頁）を運営するNPO法人「てほへ」では、自然を生かしたウォーキングや蛍狩り、和太鼓祭り、間伐体験等々次々と集客の企画や他者と共同したイベントが繰り出されている。その企画数はこれまで30本にも及ぶ。地元に暮らす指定管理者ならではの発想と評価は高い。

　同様に運営者の個性ある企画で勝負している廃校管理の例は他にも少なくない。徳島県上勝町の「山の楽校・自然の宿あさひ」（134頁）もそうである。指定管理者は「ハーモニーライフクラブ旭」という住民団体であるが、実質的にはその管理人夫妻の2人がチエと汗を出して企画を重ねている。大洲市河辺町の「河辺ふるさとの宿」（139頁）も同じだ。指定管理は㈱ゆうとぴあ河辺に委ねるが、実質的な運営はその支配人1人が仕切って

163

いる。愛知県設楽町の「神田ふれあいセンター」（129頁）の管理運営も地元の一人の女性の頑張りがこれを支えていると言って過ぎることはない。

　しかしそれでも何とか経営的にやっていけるのは、個人として工夫し続ける管理者の姿勢と、行政の「金は出さないが口も出さない」という姿勢ではないか。幾つもの過疎地での廃校活用の先例を見聞すると、そう思わされる。

　そうした点から過疎地での廃校利用を成功させるカギ、それは行政にとっては次のようなことと考えられる。

・行政は管理人に任せる強さと忍耐を持つこと
・行政は管理人の個性を尊重し自由に企画実行してもらうこと
・行政は地域、指定管理者と一体感を持つこと

② 　自治体が主導権を持って経営する指定管理者制度の場合

　もう一つの指定管理者制度のケースは、自治体の明確な方針と意向に沿った運営を指定管理者に求めるもので、しばしば行政からの職員派遣も行われる。

　例えば「京都芸術センター」だ。公益財団法人京都市芸術文化協会にその管理運営を委ねている。京都市が世界の芸術・文化のインキュベーター都市であることを強くアピールしようとしているのだ。それだけに市による運営予算も年間で1億6,000万円と大きい。このような構想の下での廃校利用の指定管理者は、単なる経理上の経営を担当する団体ではない。画家、舞踊家、彫刻家、書家、伝統芸能、写真家等を育てていく、もう一つの使命が必要とされるのだ。例えば、次のような姿勢と言えよう。

・自治体の意向や意志を世界に示すことができる構想力や企画力を持つこと
・施設を維持運営する資金力を持つこと（自治体の独自性を示すため、改修費用も極力、国の補助金に頼らないといった姿勢）
・どのような分野の人材を育て上げるにしても、その道の専門家の優れた経験と選択眼をそろえること

　しかし廃校活用の場合、京都芸術センターのような指定管理者は例外的と言ってよく、大半は中小零細企業的なケースであるのが実態だ。すなわ

ち過疎地の廃校での指定管理者制度は、事実上の個人経営となっており、その個人努力によってかろうじて採算が成り立っているのである。そういった点からいえば、結果的に指定管理者制度はうまくいっているのである。

もちろん時に行政と指定管理者の間でトラブルが生じることがある。その大半は修繕費の負担についてである。「大規模修繕は行政が、それ以外の日常的な負担は管理者が持つ」というのが一般的な線引きである。

しかし現実はその必要性や緊迫性の認識や、修繕範囲などで意見の食い違いが生じている。自治体は恒常的な財政難のなかにあるだけに支出は極力抑えたいと考え、他方で管理者は「爪に灯をともして頑張っているのに」という日々の不満が出る。双方ともに財政はカツカツなだけに、互いに頭を悩ませているのである。しかし廃校は地域の活性化のために活用するとの政治選択をしたのであれば、まずは校舎の修繕予算を優先すべきケースが多いように思われる（参照：「星ふる学校くまの木」150頁）。

Q2 大規模修繕などの負担で、行政と管理運営者との間でその線引きを巡り時として対立があると聞くが？

廃校運営での指定管理における費用負担については、「大規模修繕の費用は行政で負担し、日常的な修繕については指定管理者が負担する」とされる。しかし文言としては明確であるが、その線引きが時には明確でなくなる場合がある。

確かに行政は、一般的に詳細に指定管理金額の内容を指定している。修繕費科目を特別枠で予算化し、ある程度自由に移動可能な資金の計上も行われている。しかし予期せぬ災害被害などで大規模改修の必要性が生じることは少なくない。そもそも建築年次が古い廃校の活用だけに修繕箇所は多くなる。財政状況が公私ともに厳しい昨今、おのずと両者の対立も厳しいものとなる。「役所は負担がイヤで逃げてばかりいる。施設運営に対する方針が明確でないからだ」と指定管理者は不満だ。他方役所は役所で、「カネばかり要求してくる。自前で努力できないものか」と不満なのであ

年次		一般財源	補助金
昭和63年	集団宿泊教育共同利用施設 整備事業（文部省）	25,346	25,000
平成2年	野外活動施設整備	4,721	
3年	進入路改良工事	997	
4年	外壁塗装工事	3,161	
	水道修繕	988	
5年	バーベキュー施設改修工事	516	
	屋根修繕	1,208	
8年	冷暖房施設整備	3,605	
計		40,542	25,000

「山の楽校・自然の宿あさひ」改修工事費　　（千円）

（再掲）

る。

　上表に線引きの一例として、徳島県上勝町の「山の楽校・自然の宿あさ
ひ」の改修工事費をまとめておいた（再掲）。数字は役所が負担した費用
額である。

　負担の線引きについては、原則は原則として相互に役割を確認していく
ことは基本である。そのためには契約段階で、できる限り詳細な負担区分
を文書化しておくことが前提となる。しかし具体的な運営では時に対立し
がちなものである。それだけに役所と指定管理者間における、日常的な情
報交換や接触が不可欠といってよいだろう。

Q3 廃校舎を宿泊施設に転用できないかという声が多いが、その場合の注意点はなにか？

　廃校を宿泊施設へ転用するということは、とりもなおさず旅館業を営む
ということである。したがって、それにかかわる法令を遵守しつつ経営的
な観点から転用の是非を検討する必要がある。

① 宿泊施設への法のしばり

3章　廃校活用の諸制約とその超え方

　宿泊施設を運営するに当たっての法律は戦後まもなく制定された「旅館業法」だ。それによると、「旅館業を経営しようとする者は、都道府県知事（保健所を設置する市又は特別区にあって市長又は区長）の許可を受けなければならない」（旅館業法3条）とされる。旅館業の許可は、旅館業法施行令で定める構造設備基準に従っていなければならず、「旅館業の運営は、都道府県の条例で定める換気、採光、照明、防湿、清潔等の衛生基準に従っていなければならない」（法4条）とされている。そして営業形態はホテル・旅館・簡易宿所・下宿の4営業のどれかとなる。

　一般的な宿泊施設を開業するとなるとそれなりの選択肢はある。が、廃校を活用しようとする際には簡易宿所営業を中心におのずと形態が限られてくる。その上に、宿泊施設への転用は各種法令（旅館業法、消防法、建築基準法など）に適合するよう大掛かりな改修が必要とされる（3章**2**参照）。

　ただ廃校利用については、建築基準法の法制度の見直しを視野に規制緩和も検討されている。また農村休暇法に基づいての、農林漁業体験民宿業を営む農業者と確認された運営受託者については、構造設備の特例措置が設けられた。障壁は少しずつ低くなってきているといってよいようだ。

②　宿泊施設の経営の課題

　宿泊施設への転用の場合、法のしばりもさることながら、経営、すなわち採算性も大きな課題となる。

　宿泊業の運営利益は、「総売上」（宿泊費及び施設利用による売上げ）－「運営費用」（人件費、水道光熱費、原材料費、宣伝費など）で算出される。日本の場合、経常粗利益がおおむね20％が目安とされている。老朽化した廃校というハード的なマイナス点を持っている施設は、サービス面でもセルフサービスが中心のシンプルなものとなり、高額な宿泊単価は期待できない。利用客層としてはスポーツ合宿、子供たちの自然体験、企業の研修、グリーンツーリズムなど、教育の延長線上としての研修施設のような利用が想定される。つまり、売上げはそれほど期待できないケースが多いと考えられる。

　売上げが少なければ運営費用も抑えなければならない。宿泊施設に改修

167

するための初期投資は行政に委ねる。小規模な改修は自前で行うものの大規模なものは行政に、運営の中にかかわるスタッフも少人数で賄う。宣伝はパブリシティを有効活用するなどランニングコストも相当抑え、アイデアと知恵で運営する。校舎の宿泊施設化には、こうした姿勢が求められているともいえる。

Q4　カフェや喫茶店などの飲食施設を開く場合の、注意点や良い工夫はないか？

　カフェや喫茶店に関する注意点について述べてみたい。廃校で開くカフェや喫茶店は、身近で気軽に地元の人が集まることのできる空間となる。廃校に足を運ぶことで校舎への思い出と廃校活用に参加している気持ちを持てるというものだ。こうした背景の下で、地元の特産野菜・果物・肉などを使ったメニューの開発や、美味しい料理を創る人材の登用が最重要の課題となる。ある程度経験を積んだシェフがIターン、Uターンで参加してくるような場合、結構人気が出るともいわれる。

　「食べもの屋さんは最終的には味に落ち着きます。」
とは指定管理者となっているあるNPOのメンバーの言葉だ。

　カフェなどの開設に当たっては、資格面では、「食品衛生責任者資格」「防火管理者資格」が必要であり、また保健所への「営業申請書」が必要となる。

　カフェや喫茶店の工夫としては、次の例を挙げておこう。

　愛知県東栄町の「のき山学校」（91頁）の「カフェのっきい」（平成27年5月オープン）である。ここでは、地元生まれでUターンしてきた女性がパティシエとして活躍している。地元のカボチャ、トウモロコシ、ブルーベリー、サツマイモを使い、プリン、ケーキ、ムース、ホットドッグ等を提供している。価格を抑えるため校庭での野菜栽培も計画中。20席で午前10時から午後4時までの営業である。オープンの半年で約3,500人の利用客があり、地元の人や土日には町外の方々の憩いの場となっている。

3章 廃校活用の諸制約とその超え方

カフェのっきい（てほへHP）

現地でのコメントとして、「カフェの資産は、料理人、料理（メニュー）、場所である」と聞かされたものである。留意すべき視点である。

Q5 廃校の活用には、Iターン、Uターンしてきた「尖った」人材を活用すべきでは？

多くの廃校活用の先行例を全国各地で調査してみて気付いたことは、廃校の管理運営者の実質的責任者にはIターン・Uターン者が多いということである。佐渡市の「学校蔵」プロジェクト、上勝町の「山の楽校・自然の宿あさひ」、大洲市の「河辺ふるさとの宿」など、枚挙にいとまがない。

都会で多くを経験し、地方の良さに気付き帰ってきたIターン・Uターン者。その人たちには以下のような傾向があるという。

・地元の状況を客観的に見ることができる。一歩下がって観察できる。
・土着的な人間関係にこだわらず、遠慮せず意見を言う。
・独自の価値観を持ち、発想が新鮮である。
・地方にはない人脈を持ってきている。

しかしこのことを逆に言えば、地元から見れば少々「尖った」変わり者に感じられるということである。この変わり者たちが受容され、地元を変えていく触媒の役目を担ってもらうことが大切となる。自由に行動してもらい、「地元で化学反応を起こすこと」（「学校蔵プロジェクト」尾畑留美子専務）に協力する自治体であれば、その地域は連鎖的に継続的に反応が起こる。Iターン、Uターンしたい希望者は、今後増えていくと考えられ

る。

　もっとも退職後の団塊世代が大量にふるさとへ還流するという予測も10年ほど前にはあった。が、劇的な展開にはならなかった。しかしそれでも一定の数の移動が生じていることは全国各地が味わっている。若い世代のUターン、Iターンも多い。田原市ではこんなケースもある。30代の夫婦が渥美半島に移住してきて、農業レストランを開業した。夫は東京出身で妻は北陸出身だという。二人とも渥美半島にはゆかりはないが、この地の自然と農業に関わりたいと移住を選択したというのである。

　日本人のライフスタイルはじわじわと変わろうとしているようだ。新しい生き方を求めてのエネルギーは大事にしたいものである。

　いや今日、土着的だといわれてきた農山村も、人口減少などの変化の深刻さから、こうした「よそ者」のエネルギーを活用しようという姿勢が強くなってきている。東栄町の廃校活用「のき山学校」でのNPO法人「てほへ」のケースなど、既に地元はしたたかにIターン、Uターン者を受け入れ、そして協働してまちづくりを進める姿勢を示し始めているのである。

　それにしても忘れてはいけないポイントがある。Iターン、Uターン移住者の最も悩む問題は就職と住む場所である。移住者への基本的サービスとして、自治体はこの課題に正面から取り組んでいくべきものと考える。

Q6　廃校の活用に、女性の力がおおいに発揮されているような例はあるか？

　地域おこしは、もはや男だから女だからというような側面が取り沙汰される時代ではない。ただ廃校活用に女性が中心になっている事例は決して少なくない。その数例をここでは紹介しておきたい。

　愛知県設楽町で「神田ふれあいセンター」（129頁）を一人で切り盛りしている管理人の金田忠子さんの節約運営の努力はちょっとすごいものがある。

　神田ふれあいセンターの年間管理費は総額331万円。内訳は豊橋市から振り込まれる高齢者セミナーなど開催費83万円と年間の設備維持費248万

170

3章　廃校活用の諸制約とその超え方

円である。他方で支出は、水道代（4万円／月）、光熱費（5万円／月）、ガス代（5万円／月）、そして人件費（9万円／2名・月（1人当たり4.5万円）で、1か月の支出は23万円、年間ランニングコスト276〜300万円ほどだという。さらに消耗品費がかかる。これも大きい。年間3,700人が利用するキャンプ用品である。ガス機器、テント、アウトドアテーブル等の備品修理・買い替え費用である。金田さんらの節約で切り抜けているものの、まさにギリギリの管理運営である。しかし彼女はこう言って爽やかに笑う。

「お金の問題ではありません。設楽町への恩返しであり、少しでも地域を元気にしたいという思いで日々頑張っています。何よりも子供の影の見えないこの地域に、子供の声が聞こえるのですからね」。

東京は池袋の文化交流施設「みらい館大明」（105、144頁）を運営するNPO「いけぶくろ大明」。ここでの廃校活用も、その中心は女性館長の杉本カネ子さんである。近隣の美容師さんであるが、平成4年から大明小学校の空き教室利用の運営委員長も経験しており、地域人脈が豊富だ。その人脈を生かしながら、あるいは近所の自営業者から資材や商品の割安な提供を受ける。時には50〜60歳代の小学校OBらの協力を幅広くボランティアとしてお願いする。こうして日々のコスト削減を図り、行政（豊島区）には頼らぬ経営を実現している。

佐渡の「学校蔵」プロジェクトも、その中心の一人はUターンの女性である。尾畑酒造の尾畑留美子専務。真野鶴五代目の蔵元でもある。施設の管理者というのでなく企業者としての廃校活用者だ。平成11年に東京から夫である平島健社長と一緒にUターンし、廃校となった地元の西三川小学校での起業と地域おこしに着手するのである。尾畑氏らは東京で働いていた頃の出版や映画宣伝での経験や広い人的ネットワーク、インターネットを駆使し、国内外との交流を進める。例えば学校蔵の特別授業と称してセミナーを開く。その際、藻谷浩介（日本総合研究所主席研究員）、玄田有史（東大社会科学研究所教授）らを招き、地方と未来を考えるイベントを持ったりするのだ。もっとも尾畑専務はこう言う。

「私の故郷への最大の功績があるとすれば、それは東京から彼（夫）を

171

連れて帰ったことです。夫の積極性と熱意こそがこのプロジェクトをリードしてきているのです。」

　いや、オソレ入りましたと敬服する次第である。

4章 廃校活用の応用案ケーススタディ

　ここでは、今まで検討してきた全国の廃校活用事例やそこから学んだノウハウを生かしながら、1章で取り上げた田原市の統廃合後の学校をケーススタディとして、具体的な活用プランを考えてみることにする。

　田原市で廃校となった伊良湖小などの3つの小学校及び1つの中学校について、全国の諸事例を見てきた本著の調査メンバーで、その活用案の視角と方向性を議論してみたものである。それぞれ浜辺の小学校、低い海抜の小学校、高台の小学校、そして田園の中にある中学校という特徴を持つ。全国各地での廃校活用の論議に資することになればと願っている。

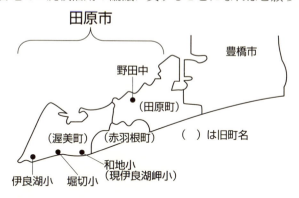

1　浜辺のそばの小学校
　　　——伊良湖小学校の活用ケース

　伊良湖小学校の校区は、国定公園に指定された景勝地であるとともに、古来より芭蕉・西行・島崎藤村など多くの文人墨客が心ひかれた文学ゆか

173

りの地でもある。田原市のある渥美半島の最西端に位置している。その住民の約6割が農林漁業に従事する。小学校舎は浜辺から約200mのところにある。

伊良湖校区は255世帯、人口854人（平成27年現在）。しかし市内においても人口減少率が高い地域の一つであり、児童数の減少も著しかった（1章19頁）。下表にあるように、各学年とも10人以下の児童数であった。

廃校時（平成26年度）の伊良湖小の児童数　　　（人）

1年生	2年生	3年生	4年生	5年生	6年生	合計
6	4	5	9	7	10	41

また平成24年に「南海トラフ巨大地震」による津波襲来の予測が発表され、防災面での転校の地元意向の強かった校区である。伊良湖小は海抜20mとやや山すその高台にあるが、集落そのものは全体的に海抜が低いのだ。

伊良湖小は平成27年度から、隣接する堀切小、和地小とともに新たな伊良湖岬小学校（和地小の校舎を使用）に統合された。そこで廃校後の活用法が課題となっているのである。

残された校舎をどうするか。旧伊良湖小学校区は観光地エリアの中にあり、夏の海水浴シーズン、冬の菜の花祭りシーズンを中心に、市内の他地域に比べると流入人口は多いと言える。しかし集落そのものは少子化だけでなく高齢化が進み、地域の活性化を求める声は大きい。学校統廃合の説明会でも早期のプラン作りが強く求められていた。旧伊良湖小学校は土地面積12,724㎡、校舎の建物1,838㎡の鉄筋2階建て。昭和31年に建てられた本校舎は築60年となっている。

そこでこの校舎の活用について、以下の3つの方向を検討してみた。

（注）ちなみに平成27年の統一地方選で市長、教育長の交代した田原市は、旧伊良湖小の校舎について、その撤去を平成28年の予算議会に提案する。これには地元も議会も「晴天の霹靂だ、話が違う」と反対し、市は急遽これを撤回。引き続き活用議論をすることとなって現在にいたっている（平成28年8月）。

174

4章 廃校活用の応用案ケーススタディ

プラン1 校舎はトライアスロンや大学の部活などの合宿地に活用できないか？

　伊良湖とトライアスロンの名は全国的に有名である。伊良湖でのトライアスロン大会が始まったのは昭和62（1987）年でかなり早い時期からだ。2016年大会で30回目を迎えた。日本のトップアスリートを含む950人の選手が全国から集う。大会運営には地元のボランティアが多く参加する。地元ファンも多く応援に駆けつける。それだけに地元では30年間の大会開催の経験から、トライアスロンに関わる種々のノウハウを有している。そこで伊良湖地域をトライアスロントレーニングの合宿地に最適と捉えて不思議はない。伊良湖小の校舎を、こうしたトライアスロンの合宿、研修、科学的トレーニング施設として活用することは一つの選択肢といってよい。何よりも大会コースに近く、プールも小さいながら備わっている。

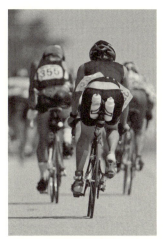

トライアスロン　伊良湖大会は30年もの実績を持つ。

　昨今のトライアスロン熱は全国的である。トライアスロンの競技人口はこの15年間で20万人から30万人に拡大している。交流人口により伊良湖地域の元気も期待されるというものである。
　もちろん合宿場となるスポーツはトライアスロンに限らない。伊良湖地区には伊良湖シーサイドゴルフ場も近くにあることもあって、大学のゴル

フ部などの合宿地にすることも考えられよう。

　しかし団体などの合宿地にするには、一方で大きな問題がある。特に宿泊施設とする場合は、都市計画法や消防法などの法的な制約が幾重にもかかるということだ（3章）。また建物の大幅改修ということになれば、その費用も小さくはない。食事の提供も問題だ。伊良湖小には食事施設などはない。ケータリングといった形態も考えられないわけではないが、集落内での飲食店との連携は考えにくい。

　このように法的制約や資金繰り、あるいは誰が管理主体となるかなど、いずれも課題は多い。しかし検討の余地はあると言えよう。

プラン2　校舎をUターン／Iターンや交流人口の寄留場所やオフィスにできないだろうか？

　田原市の人口減少は平成18年で66,354人、平成27年で64,382人とほぼ横ばいである。しかし伊良湖校区は、この10年で965人から842人へと123人（15％）という大きな減少を見せている。地元の人が、UターンやIターンに期待を寄せるのは理解できるというものだ。そこで伊良湖小学校をこのUターンやIターン組の受け皿にできないか、と考える。

　徳島県上勝町（人口1,700人余（平成27年））では小学校の廃校を町営の「複合住宅」（賃貸住宅8戸、貸事務所5戸）に転用して、Uターン組の受け皿づくりに取り組んでいる（88頁）。人口減少に苦しむ町の肝いりの政策として進められたものである。平成12年にオープンした。改修費は1億9,930万円で国の起債や県の補助金などで賄った。敷金・家賃3か月、家賃2.5万円前後。入居者には恵まれた設備と家賃であるだけに、賃貸事務所・住宅ともに満室状態である。駐車場は運動場を活用している。もちろん無料である。事務所の入居者は地元の第三セクターの他、徳島大学のサテライトオフィスとしても使われている。住宅用は全てIターン、Uターン組が入居している。

　しかし旧伊良湖小の住宅化は課題や問題点が少なくない。まずは改修費用である。上勝町の改修費で言えば2億円かかる。ついでUターン、I

4章　廃校活用の応用案ケーススタディ

ターン者の帰郷ニーズの有無である。本気で帰郷したいのか不明なのだ。また新規移住者を受け入れる地元とUターン、Iターン組との溶け込み方への懸念がある。ヨソ者は必ずしも歓迎されないのである。そして何よりも合宿地のケースと違って入居者たちの最大の関心事となる就職の問題が生じよう。

　上勝町では定住促進のため、定住者に雇用の機会を与えようといろいろ工夫している。例えば空き家活用や起業家育成を目的とした第三セクターをスタートさせている。既に5つの会社がスタートしており、葉っぱビジネスで全国的に有名になった㈱いろどりの他に、町内の観光拠点として宿泊・温泉施設の運営管理会社、特産品の販売等を行う会社、町の主力品目であるしいたけの製造、販売を行う会社等を立ち上げているのだ。

　伊良湖校区での就職を考えた場合、一つに観光業への参入も考えられるかもしれない。しかし昨今の伊良湖地区での飲食店などは閉店が少なくない。耕作放棄地になっている田畑への進出やトマトや菊の農家への支援作業も考えられよう。しかし外国人研修生が月額12万円（税込み）という低い報酬で大量に入っている実態を考慮すると、それもなかなか困難である。

　しかしこの校区には、「オレはここで農業をやる」と宣言する若者や、TV番組の「ナイナイのお見合い大作戦」（平成26年放映）でこの地に結婚で入った女性もいる。渥美半島の魅力、伊良湖の魅力とつながった廃校舎活用の、交流人口・定住人口確保の工夫は試みられてよいのである。

プラン3　小学校を地域に根づいた芸術文化の交流場所や、受発信基地にすることはできないか？

　伊良湖小学校は遠くに波音が聞こえる静かなエリアに位置し、また周囲の自然環境も豊かで魅力的だ。伊勢神宮に関わりの深い伊良湖神社も併設される。それだけに芸術文化活動に関わる人たちにとっては、格好の創作の空間になろう。外から来る芸術家たちだけでなく、地元の人たちの文化活動の拠点にするという選択肢もある。いずれにせよ、伊良湖小学校を芸

177

術文化の受発信地にするということを想定した。

　廃校を外から入ってきて芸術文化の活動拠点としている事例としては、愛知県東栄町の「のき山学校」がある。地域に根ざした文化活動の場作りの先行事例と考えて良いだろう。東栄町では廃校舎を利用して、「志多ら」という和太鼓集団の練習場としている。のみならず、この集団の地域や地域の子供たちとの交流を既に20年以上続けてきている実績もあり、東栄の地に十分定着していると言ってよい。

　そんな彼らは校舎の管理団体としてNPO「てほへ」を発足させ、本格的な拠点づくりを図っている。校舎も１階には地元の花祭り（国の重要無形民俗文化財）を展示する部屋や１年生の遊び部屋、２年生の自然部屋などとした。またこの学校を利用しての活用には、太鼓や尺八の体験、人形やまゆ花づくりといった伝統の継承も試みられている。さらにはカフェ「のっきい」を設け、地域の人の交流の場にもしている。行政も気を利かせて校舎の一角に図書室をオープンした。こうした活動が展開されれば確実に地域の文化活動とふれあいは活性化していくことだろう。

　田原市には多くの画家や彫刻家、陶芸家たちが既に存在している。大小幾つもの絵画グループや焼き物グループも活動している。絵画や彫刻を好む人たちは、その素材を伊良湖岬の風景に求めることが多い。そうしたゆかりを持つ伊良湖小である。これを活用しない手はない。何よりも伊良湖は江戸の歌人糟谷磯丸を生んだ地でもある。関連する資料の展示なども含め、そこに文化芸術の拠点施設をおくことは歓迎されることだろう。

　絵画や彫刻だけではない。音楽などにも着眼してよい。名古屋のオーケストラやバンドグループの練習場としての活用も大いに検討されてよいのではないか。かつて伊良湖には名古屋大の民俗舞踊「音舞」などといった和太鼓のグループがしばしば合宿に訪れていた。潮騒を聞きながら、「椰子の実」の歌の発祥地が音楽の拠点となる。そして芸術家や芸術家の卵たちとの交流は、地域を魅力溢れた文化芸術半島として創り上げていくかもしれない。伊良湖小校舎の文化的な活用は大いに夢を膨らませることになるだろう。

　しかし課題、問題点は当然にこの場合でも存在する。まず当然のことで

4章　廃校活用の応用案ケーススタディ

あるが一定の校舎改修費がかかる。東栄町の「のき山学校」の一角に町が図書室を設けたが、それだけでも270万円ほどかかっている。しかしその程度であればと割り切り、思い切って芸術文化活動の拠点にすることはあってよいだろう。しかし本格的な改造となれば負担は大きい。先述したとおり、徳島の上勝町複合住宅では1億9,930万円（3階建て1,328㎡）であり、愛媛県の「河辺ふるさとの宿」では1億2,800万円（木造2階建て808㎡、鉄筋2階建て178㎡）である。

建物の管理運営も難題である。もはや行政が直営するというのを当然とする時代ではない。やはり活動主体となるグループに運営を委ねるのが良いだろう。地域やNPOといった団体への委託はこれからの成熟社会には不可欠だ。それを担う団体や会社を探すのも簡単ではない。

併せてこの建物の管理という面からもう一つ検討して良いのが、校舎を地域の防災倉庫として活用することである。各戸の寝具など一式を保管する倉庫として利用を考えれば、建物管理も校区の協力で行われる余地も出てこよう。もっともその必要性や備品の範囲については、地元で十分議論することが不可欠となろう。

ともあれここで、少し口直しとして、英国のセント・アイヴスという芸術とサーフィンの街の事例を紹介する（コラム参照）。その地勢的な類似性もあって、伊良湖小の活用方向に示唆を持つものと言えるからだ。

Column

サーフィン、芸術家、温暖な気候、海、アトリエ

セント・アイヴスはイギリスの最南端、そして大西洋に面したコーンウォール半島にある。人口は1万人程度だ。イギリスには珍しく砂浜が続きサーフィンが盛んな街であり、田原市の太平洋岸に似ている。漁業の盛んな街であったが、衰退し大型の倉庫群が残った。廃校ではないがこれら倉庫を芸術家たちの制作の場・安いアトリエとして提供したのである。1928年にベン・ニコルソン、クリストファー・

ウッド、アルフレッド・ウォーリスという３人の芸術家がセント・アイヴスに芸術家のコロニーを作ってもいる。

　温暖な気候で海水浴客、休暇客がよく訪れている。海の風景や明るい陽光は今日に至るまで画家たちに好かれているのだ。セント・アイヴスはサーフィン、芸術家、温暖な気候、海、アトリエといった伊良湖地区と共通項が多く、一つの参考になる事例と言ってよいだろう。

セント・アイヴスの砂浜　英国最南端の半島に位置する。

2　海抜の低い小学校
　　——堀切小学校の活用ケース

1　農業は盛んだが津波に不安感

　堀切地区は伊良湖小の東サイドに隣接し、同じく太平洋に面している集落である。海岸線で約4.2kmに及ぶ。人口推移を見よう。平成19年末は2,246人であったが平成27年末に2,013人となっている。10年弱で１割の減少である。田原市の中でも人口減少のスピードが早く、今後ますます人口減少と高齢化が進むと予測される地区である。

　産業としてはこの地区も農業従事者が多く、そして圧倒的な施設園芸の地帯である。堀切校区のハウスの棟数は1,643棟、田原市全体の9.9％を占める（2010年農林業センサス）。輪菊、メロン、トマト、洋花、観葉植物

が主力の生産品となっているのだ。ただ農業の後継者不足や嫁不足、あるいは遊休農地の拡大といった悩みは全国共通のものとして持つ。さらにこの地特有のハウスの老朽化や使用されない温室の解体・処理という問題もある。

　さらにこの堀切校区で大きな課題となっているのが津波への警戒である。南海トラフ地震でＭ９級の地震が発生した場合、田原市太平洋側エリアへの被害は大きいと予想される。最大震度７で最大津波高は22m、約12分で第一波が到来する。このため津波による被害への危機感は根強い。しかも堀切小学校の敷地は低く（海抜６m）、堀切小とその周辺エリアは、巨大な津波が襲えば、飲み込まれてしまうと警戒されるのだ。その堀切小学校であるが、敷地面積は16,724㎡、校舎は2,722㎡であった。

プラン１　跡地を津波から身を守る防災拠点のような場所にできないだろうか？

　堀切小学校の跡地の活用策については、既に平成26年に田原市として防災拠点にするという方向を決めた。東日本大震災を契機に設けられた「社会資本総合整備交付金」の活用を図ったのである。

　もっとも堀切地区の課題とまちづくりについては、校区が平成18年６月に住民アンケート調査を行っている。それによると特にまちづくりに関しては、「災害への備え」と回答した住民が71％を占めた。平成23年３月の東日本大震災の前のことである。この地域の人たちの多くは、地震、津波に対する防災施設、避難所を一貫して要望しているのだ。

　果たして平成26年にこの堀切校区から、廃校となる堀切小学校跡地を使って防災避難場所を建設するよう、市に要望書が出された。そして同年、津波被害を防ぐための緊急避難場所として、通称「いのち山」（津波避難マウンド）なる小高い丘の造成が決まったのだ。そしてこの「いのち山」を広く造成するとして、運動場だけでなく校舎の解体も視野に入れた。

　ちなみにこの堀切地区は、1707年の宝永の東海地震（推定M8.4、津波

181

の高さ6～8m）と、1854年の安政の東海地震（推定M8.4、津波の高さ6～8m）で大きな被害を受けている。集落と田畑の大半が波にのまれ、また死者も出た。それだけにこの地域の人たちは山に逃げること、高いところに逃げることの重要さを古くから伝承してきている。堀切小学校の廃校活用については、そうした歴史的背景に加え、直近の東日本大震災の津波被害の光景もあって、廃校での「いのち山」建設の地域合意は容易になされたといえる。

その堀切の「いのち山」なる高台施設の概要を示しておこう。

- 避難対象者　　475人
- 避難場所面積　約850㎡
- 避難場所高さ　海抜14.5m
- スケジュール　平成27年度測量調査設計～29年度完成
- 全体工事費　　6億5,000万円（そのうち国補助「社会資本総合整備交付金」4億2,000万円）

ちなみに静岡県袋井市にも同様の「いのち山」（湊命山（みなと））が建設されている。収容人員1,300人、高さは海抜10m、総工費は2億2,000万円。国の補助金がおよそ1/3ほど入っている。なお命山は都市公園でもなく、緑地でもない。今まで袋井市にはなかったタイプのオープンスペースだということで、市では「命山条例」という独自条例を定めて管理している。その現物は下の写真を参考にされたい。もっともこの湊命山であるが、廃校を活用して行ったものではない。

袋井市の湊命山　1,300人が収容可能とされる。

4章　廃校活用の応用案ケーススタディ

プラン2　校庭の「いのち山」は殺風景のままにせず、地域の花見山にできないだろうか？

　堀切小学校の校庭にできる「いのち山」（津波避難マウンド）は、山頂部は850㎡とされる。ほぼ楕円形のグランドのような形状になる。楕円形のグランドであり、柔らかな外形ではある。しかし人々が日常的に使用するとしたら、いささか殺風景になろうというもの。それであれば、この小山とその周辺を地元と行政とが協働して、近隣の人たちが癒される桜の木などを植えることはよいだろう。

　堀切地区の高齢化率のテンポは速く、その数も多い。年配者たちにとって「いのち山」は老後の格好の散歩道となり、団欒の丘となるのだ。

　ちなみに桜は日本人にとって、古代から神話の上での木花であり、また稲作に関連した逸話を持つ。桜の「さ」は古代の言葉で稲に関する言葉に多く使われ「早苗」の「さ」を指すとされる。「くら」は盤座（いわくら＝神の鎮座なさる場所）と解されていた。「さ・くら」は「穀霊の鎮座するもの」、「稲殻の神霊の依る花」。避難場所である堀切のこの「いのち山」に、豊穣と暮らしの安全を祈る神を鎮座させることになるのである。

　ところで「いのち山」は、昨今の防災論議の中で、全国の海岸沿いの自治体にとっては関心の対象である。それだけに今後多くの自治体からの現地視察などといったケースが想定される。機能面だけ強調される防災施設「いのち山」というだけでなく、地域の祈りと憩いの場所ともなれば、この堀切の「いのち山」はさらに関心を呼ぶようになるに違いない。いわゆる行政観光の対象場所になるのだ。

　そういえば田原市は桜などの植物画に生涯を捧げた、日本のボタニカル・アートの第1人者と称される太田洋愛画伯（明治43年〜昭和63年）が生まれた地だ。戦後の理科の教科書や百科辞典の草花の挿絵は、その80％を彼が描いている。岐阜県高山市の白川郷で新種の八重桜を発見し、それが「おおた桜」と命名され、県の天然記念物に指定されているという逸話もある。例えばこうしたこの地を故郷とする先人の足跡を残す意味もあって、「いのち山」には「おおた桜」を一円に植栽することも、今後検討さ

れてよいだろう。もっとも「おおた桜」は温暖な地では育ちづらいともいわれるが。

太田洋愛が発見した白川郷本覚寺のおおた桜（画：太田洋愛）。

　その際、次のような「遊び心」を持つことも考えられよう。すなわち避難施設の観光地化を図るとして、避難場所の「いのち山」の樹木や草花など使って上空から見てハート型にデザインするのである。昨今はドローンを使い、観光地を上空から広告ＰＲすることが普通になっている。この工夫は、避難所としての機能である「多くの方々が安心して滞在できること」を損なうことはないだろう。ハートの形状は全国的に取りざたされ、観光の目玉にもなるかもしれない。堀切の「いのち山」を「渥美半島のハートの花見山」とするのである。

プラン3　「いのち山」をパワースポットや恋のスポットとしても活用してはどうか？

　ハート形の「いのち山」にしようという議論に触発されたこともあって、ここを舞台にさらにアイディアを広げてみる。避難施設「いのち山」の観光化としての試みであれば、プランは大いに楽しく構えたいものである。

4章　廃校活用の応用案ケーススタディ

　突然だが、我が国の七福神めぐりのコースは130か所に及ぶと言われる。この際もう一つ新しく、「恋の七福神めぐり」を堀切校区の「いのち山」を含めて誕生させるのはどうであろうか。それは新しい観光スポットになり、パワースポットにもなると期待できよう。

　渥美半島にはその先端に恋路が浜という景勝地がある。「恋人たちの聖地」とされ、その一角に備えられた「幸せの鐘」をカップルで鳴らすと恋が成就すると人気スポットとなっている。この「恋人たちの聖地」を起点に、幾つかのスポットをリンクさせ、「恋の七福神巡り」を作るのもよいだろう。場合によっては今後廃校となる各学校の跡地は、ことごとく「恋のスポット」としていくことも可能ではないか。奇しくも太平洋岸に位置する統廃合対象の学校は7校である。これらの学校をつなぐ思い出リンク（ネットワーク）構想といってもよい。また各学校にはサクラの木々があるものだ。それらを活用するという手もあろう。

　廃校の堀切小に小高い「いのち山」が顔を出す。ついで故郷が誇る植物画家・太田洋愛が発見した「おおた桜」の木がそれを覆う。しかもその「いのち山」はハート型に演出され、さらには「恋の七スポット」となる。廃校活用が次世代と地域の活性化をもたらす、新たなストーリーといってよいだろう。

3 高台にそびえる小学校
——和地小学校（伊良湖岬小学校）の活用ケース

　和地小学校（現在の伊良湖岬小学校）が存在するこの校区は、太平洋に面した海岸線に沿って集落が東西に広がっている。校舎は海抜17mほどの高台にあり、伊良湖や堀切校区と比べると標高は高い。それが伊良湖小、堀切小、和地小の3校統合後の新小学校として使用されたゆえんでもある。

　人口は1,291人（平成27年）。ここ10年ほどで130人ほど減少した。1割

185

の減である。しかもここ1両年の減少数は20人で、人口減少のスピードが上がっているのだ。ちなみに3校統合の平成27年現在の伊良湖岬小学校（旧和地小）は、全校で177人となっている。

当地の産業は圧倒的に施設園芸農業である。1970年代に豊川用水の通水、そこから土地改良事業による圃場整備、構造改革事業に伴う和地・温室団地の建設が始まり、農業生産力は飛躍的に向上した。昭和49年には電照菊栽培日本一の代表地に選定される。現在も輪菊、トマト、洋花等々が主力生産品である。もっともその温室は現在では老朽化の問題に直面している。だがこの地域の多くは「農業振興地域」に指定され、用途の自由な転用が制限されている。当地の将来展望はなかなか出しきれない状況にある。

また気候は黒潮の影響から温暖な地域で暮らしやすい。連帯感が強いこともこの地の特徴と言われる。和地校区では、「世代を超えた人の和と地の利を活かす里づくり」をまちづくり方針（平成19年策定）としているほどだ。他方で大型店舗がない、医療機関が遠い、公共交通機関の便が悪いといった面がクローズアップされてきた。昨今全国各地で問題となっている「買い物難民」が心配され始めている地域でもある。

この和地の小学校（伊良湖岬小学校）も、平成32年度には移転することが田原市の学校再編計画に予定されている。その跡地をどうするか、伊良湖や堀切校区と同様に市と地元に問われてくることになる。

ちなみに和地小学校の敷地面積は、15,133㎡で、建物面積は、校舎が2,127㎡で体育館が595㎡である。建築年は本校舎が昭和36年と古いが、体育館は昭和55年である。

ここでは以下の3つの活用プランを検討してみた。

プラン1　校舎を半島先端部への移動スーパーの基地とすることにできないだろうか？

移動スーパーが我が国に最初に登場したのは1970年代だ。しかし現在はスーパーが地方都市でも普及し、あまり見られなくなった。しかし2010年

4章　廃校活用の応用案ケーススタディ

頃から、買い物難民が話題になり始めた。買い物難民は382万人（2010年「農林水産省・農林水産政策研究所推計」）に上り、「自宅から生鮮食料品を扱う店まで500m以上離れていて、さらに自動車を持たない65歳以上の人のこと」を指す。10年後の2025年には598万人になるだろうと農林水産省は推計する。そこで買い物難民に役立つビジネスとして注目を集めているのが移動スーパーなのである。その導入を和地地区で検討する余地は大いにあると思われる。

　和地地区の高齢化率（65歳以上の割合）は高く、平成27年現在は30％程度。今後もこのスピードで高齢化率が上昇すると25年後の2040年には40％を超えると推計される。

　こうした地域の環境を考えると、移動スーパー導入のアイデアは傾聴すべきものと思われる。というのも移動スーパーは、単なる物販機能を持つだけではないからだ。高齢化集落の中での、住民の安否確認、空き家の防犯活動、コミュニティの構築などといった住民サービスを担う重要な側面を持っているのである。

　しかしこの移動スーパーなるものが本当に有効に機能しているものであろうか。平成27年4月から、その導入を決め実行している愛知県春日井市の事例を参考にしてみる。事業は春日井市、春日井市観光コンベンション協会、㈱不二屋ナフコ、㈱清水屋の4者で経営される。㈱不二屋ナフコは愛知県下に26店舗を持つスーパーであり、㈱清水屋も愛知県と岐阜県で6店舗を展開するスーパーである。

（例）　移動スーパー「道風くん」（愛知県春日井市）

　春日井市の移動販売事業「移動スーパーマーケット・道風くん」。愛知県内初めての公民連携による移動販売事業で、春日井市、春日井市観光コンベンション協会、㈱不二屋ナフコ、㈱清水屋による4者による共同事業である。それぞれ以下の役割を持つ。

187

事業体	役　　割
春日井市	事業計画、市民1,000人にアンケート調査、車両提供
観光コンベンション協会	事業計画作成、赤字の受け皿
㈱不二屋ナフコ	事業計画、東部地区・藤山台、石尾台担当
㈱清水屋	事業計画、西部地区・東山町、牛山町担当

　もう少し詳しく、このプロジェクトでの4者の役割分担について述べておく。

〈春日井市の役割〉

①　男女1,000人にアンケート調査実行と事業計画作成

②　移動スーパー展開町内会への広報活動、協力要請

③　車両2台を無償提供（1台150万円）

④　客の掘り起こし

⑤　町内会への詳細説明・地域住民への協力要請（住民の協力がなく採算が取れない場合は販売拠点の変更もある等を事前説明）

〈観光コンベンション協会の役割〉

　事業計画作成（1年目は赤字計上の場合の受け皿を担当する、2年目は事業計画の見直しを担当する）

〈㈱不二屋ナフコの役割〉

①　東部地区担当（月・木曜は藤山台、火・金曜は石尾台、水曜日は市内の福祉施設を対象に移動スーパーを展開）

②　車のガソリン代や人件費（社員）を負担

〈㈱清水屋の役割〉

①　西部地区担当（月・木曜は東山町、火・金曜は牛山町、水曜は市内の福祉施設を対象に移動スーパーを展開）

②　車のガソリン代や人件費（社員）を負担

4章　廃校活用の応用案ケーススタディ

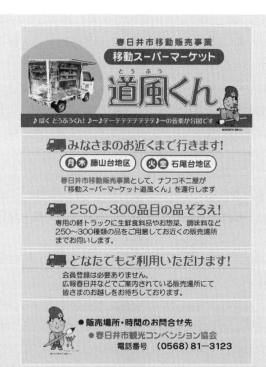

配布チラシ　春日井市は小野道風の生まれた地と伝わる。

　平成27年秋にヒアリングした春日井市観光コンベンション協会によれば、移動スーパー事業について次のようにコメントする。
　「事前の詳細な市場分析や住人へアンケート調査を実施した。町内会との会議、関係者による綿密な事業計画の作成等により4月からスタートして7か月、若干の赤字ではある。しかし1年間通しての移動スーパー事業は、収支トントンになると思っている」。
　「春日井市は大型の団地が多く住民が高齢化し、多くの買い物難民の発生が目前である。高齢者人口が集約しており、移動スーパー事業の採算性が取りやすいと考えている」。
　将来的なポテンシャルに期待しているのである。なお住民サービス（安否確認、空き家の見回りなど）については行っていない。
　　（問合せ先）　春日井市観光コンベンション協会
　　　　　　　　TEL 0568-81-4141

さて全国の自治体と同様に、田原市でも買い物難民の登場は考えられる。特にスーパーなど買い物の場所が遠い和地校区などの伊良湖岬エリアでは、移動スーパーの要望は時間の問題と言えよう。

　和地校区では、既に車などを利用できず、自力で街場のスーパーに買い物にいけない高齢者が生じている。その人たちは近所の人たちの買い物の車に同乗したり、買い物だけを頼んで用を足したりしている。和地校区にあっては、買物難民の課題は間違いなく現実化しているのだ。この買い物の状況は、もちろん隣接する伊良湖、堀切の地域も同様である。そう考えると、和地小学校を移動スーパーの供給基地として活用できれば、同じ太平洋岸の伊良湖、堀切地区などのエリアも含めて一商圏と想定できるというものである。

　ただ課題も残る。渥美半島は、多くの地域が東西に長く人口が散漫となっている。移動スーパー事業ということでは、スーパーと同一価格で販売するとなると採算が取りにくいことだ。もっともガソリン代、人件費などを価格に上乗せした設定で販売できれば可能性はあろう。もっともあまり高値になっては特に高齢者は客にならない。

　また需要がバラバラでは事業展開は困難だ。春日井市のような形で、自治体による詳細な事業計画と住民アンケート、価格設定、地元スーパーの協力、商工会議所の協力体制をとることができるかが問われることとなる。その辺りがクリアされるなら、移動スーパーの展開は十分に可能となろう。さらに、住民サービスを織り込んだ複合型の新しい形態の移動スーパー事業を行えば、全体のコスト削減にもなる。さらに移動スーパーの従業員については、新規の雇用の場と考えることもできる。特に高齢者の活用は検討されることがあってよいのである。

　他方、問題の第1は、官民協力体制の構築と維持という課題である。春日井市の「道風くん」のケースに見られるように、行政と民間がそれぞれの力をうまく出し合ってコトを進めていかないとこの事業は困難なのだ。

　問題の第2は、「赤字経営」の改善策についても、官民それぞれの負担を負うことを承知する必要がある。自治体が制度運用や補助事業で、事業者の取組みを積極的に支援していけるかどうかである。おそらく住民サー

4章　廃校活用の応用案ケーススタディ

ビス機能に対する補助費用を拠出できるかが問われることになる。

　当然、田原市でも今後ますます高齢化が進み移動スーパー、住民サービスの拡大が必要になる。できるだけコストを下げ、かつ住民が満足できる新しい方法を模索するとき、複合型移動スーパーの必要性は注目される。

　そして和地の校区の場合、廃校となる小学校（伊良湖岬小学校）校舎は、地理的にも移動スーパーの展開基地として有用になるものと思われる。その校舎を倉庫（品物の一時展示、保管場所）や事務所、あるいは仮眠場所などに利用することが検討されてよいであろう。

プラン2　小学校を福祉施設やコミュニティ施設として有効に使う方法はないだろうか？

　和地地区の高齢化率は、2040年には40％を超えると推計されている。高齢化に伴う介護ニーズも高まってくるというものだ。ちなみに全国ベースであるが、例えば団塊世代の人数は800万人である。10年後にはそのうちの5人に1人が認知症になると推計される。160万人という大きな数である。老人介護のニーズは逼迫しているのだ。

　そうした予想とともに旧和地小学校の廃校化を考えた場合、ここを老人施設として活用しようとするのは一考だろう。和地小（現伊良湖岬小）の建物は高台にあり、広く太平洋の海原を見下ろすことができるロケーションにある。それだけに日当たりもいい。何よりも地元の人たちにとっては通学した思い出が詰まっている。また利用者は極力自宅に近い施設を選ぶことが多い。ここを地元の老人施設として使うのは大いに検討されてよいのではないだろうか。

　例えばデイサービスのスペースとして活用することなどは有効ではなかろうか。もっともデイサービスとして使用する場合、要介護度の軽重に見合った介護者を用意しなくてはならないなどの諸条件がある。それだけに廃校活用の是非は福祉施設の経営者が判断することになる。しかし廃校活用の視点から行政は、こうした民間の福祉施設への活用にも、極力協力的な姿勢をとりたいものである。

191

旧和地小学校（現伊良湖岬小学校）　校舎の窓から見下ろす遠州灘は広大である。

　さらにデイサービスに限らず、もう一つ着眼すべき視点は、一般の住民も利用できる空間として開放されてもよいということだ。田原市には年配者も気楽に利用できるコミュニティ施設は基本的にそろっている。各校区にある区民館（市民館）にはそのスペースが確保されている。しかしそれでも校区の範囲が広いような場合、全ての年配者が容易に区民館まで足を運ぶことは困難だ。誰もがムリなく自由に集い、語れる場所があってよい。それが福祉施設と併設されれば、相互に有用なこともあるだろう。
　田原市の高齢福祉の担当者はこう言う。
　「家の中にこもっていることはよくないことです。一人暮らしなどの場合など特にそうですが、家から出て、他の人と接することは必要です。サロンのような場所がお年寄りには絶対に必要です」。
　「部屋には電気ポットと急須とお茶碗くらいは役所が用意する。お茶菓子やみかんなどは集まる年配者たちが持参する。そのくらい簡単な施設でいい。そんなささやかな空間がしかし大事なのです」。
　そう指摘するのだ。少子高齢化地域の今後のコミュニティの姿として、十分に検討すべき選択肢と言ってよいだろう。そんなグループホーム的なニーズに応える施設が、廃校舎の一角に設置されてもよいのである。
　こうした高齢者などの集まり場所の設置がことのほか重視されるのは、全国的に言えることだ。視察調査した東栄町の廃校活用「のき山学校」でも「カフェのっきい」をスタートさせ、食事とコーヒーを提供する地域の

4章　廃校活用の応用案ケーススタディ

人たちのチャットの拠点としている。これがいま、人気があるのだ（168頁）。栃木県の大田原市の場合も、廃校となった蜂巣小学校の一角を「ヒカリノカフェ」として運営させる。障害者就労支援事業としての側面もあるが、そこでは喫茶店経営を軸に焼き菓子の製造販売、地元野菜の販売、ギャラリーの運営、ワークショップ活動なども展開する。廃校を地域の集まりの拠点づくりにしようと取り組む例である（106頁）。

　ちなみに、既に旧和地小学校（現伊良湖岬小）では、週末には地元の年配者たちが集まり、いち早く運動場を使ってグラウンドゴルフを楽しみ始めている。地域の年配者たちはなかなかしたたかで元気なのである。

> ### プラン3　小学校の裏山は2,000坪もあり、子供たちと地域の思い出の場所となってきた。体験学習やサバイバルパークの場として活用できないか？

　和地小（現在の伊良湖岬小）の校舎の裏山は標高90mの小高い丘となっている。この裏山は、長いこと小学校の自然体験活動の場として使われてきた。そもそもは大正時代に当時の校長が伊良湖岬村長にその払い下げを要望し活用を始めたもので、80年にわたっての歴史を持っている。山頂の展望台から見下ろす太平洋は絶景だ。しかも2,000坪（約7,000㎡）と広い。裏山のなかには各家の「家族の木」といったものまで植えられている。この地は和地の人々にとっての思い出とアイデンティティを確認できる場なのである。それだけに近い将来、校舎が移転して廃校となった場合、この裏山が手入れもなく放置され、荒れてしまうことは地元にとっては忍びがたいことになる。

　そこで例えば、この貴重な空間を子供たちや家族連れにとってのアスレチック空間に転用できないかと考えるのは当然だろう。裏山を本格的なサバイバルパークのような施設にする。そうなれば、地元の人たちだけでなく、校区外や市外の人たちも訪れることになる。駐車場は運動場が使える。もちろん校舎も休憩や着替えの場所としても活用され、残ることとなろう。

193

廃校活用の地元アンケート結果

　ちなみに、ここに一つのアンケート結果がある。地元の愛知大学地域政策学部（中村あさみゼミ生）が平成28年１月〜２月に行った調査である。和地校区の人たちの小学校校舎活用に対する思いについて、その主な内容を掲載する。対象者は和地校区で伊良湖岬小学校（旧和地小）に通う児童の保護者（全51世帯）である。96人の回答を得ている。アンケートは前述したプラン１〜３をベースに尋ねている。もっとも希望が多かったのは防災避難施設への活用であった。スポーツやコミュニティ施設への活用の声の多いことも印象的である。

廃校活用の地元アンケート結果

・実施機関　愛知大地域政策学部・廃校活用調査チーム
・対象者　和地校区で伊良湖岬小（旧和地小）に通う児童の保護世帯
・回収率　全51世帯のうちの34世帯（96人（両親、祖父母を含む））で
　　　　　68％

> （問１）　廃校活用（学校跡地利用）について伺います。こう活用す
> 　　　　　ればよいとの意見があれば教えて下さい（複数回答）。
> コミュニティ施設（36）　　子育て施設（15）　　スポーツ施設（42）
> 老人福祉施設（27）　生涯学習・文化施設（14）　体験交流施設（20）
> 防災避難施設（44）　何もせずそのまま残す（４）　その他　（６）

　複数回答での問いである。96人の回答の中でもっとも希望の多かったのは防災避難施設である（44人）。次いでスポーツ施設（42人）とコミュニティ施設（36人）といった順であった。

4章　廃校活用の応用案ケーススタディ

> （問2）　次のような活用案も愛大の廃校活用調査チームでは考えました。あなたはどう思いますか。
> ①　地元の人の集まりの拠点にする。　いいね（74）　どうかな（21）
> ②　移動スーパーを設けその拠点にする。
> 　　　　　　　　　　　　　　　　　いいね（34）　どうかな（62）
> ③　裏山を交流のサバイバルパークにする。
> 　　　　　　　　　　　　　　　　　いいね（43）　どうかな（51）
> ④　花卉等の展示・研究センターにする。
> 　　　　　　　　　　　　　　　　　いいね（28）　どうかな（67）

　96人の回答の中で、①の「地元の人の集まりの拠点にする」については賛同する人が74人（77％）ときわめて多かった。②の「移動スーパーの拠点にする」については賛同する人もいるが（34人）、疑問視する人が多かった（62人）。③の「裏山を交流のサバイバルパークにする」については賛同（43人）と疑問（51人）がほぼ半々であった。④の「花卉等の展示・研究センターにする」については賛同が少なく（28人）、疑問がかなり多かった（67人）。

4　田園のなかの中学校
—— 田園のなかの野田中学校の活用ケース

　田原市の学校統廃合では伊良湖岬エリア3校区の小学校が先行した。しかしさらにもう一つ中学校が廃校となった。渥美半島の中央部に位置する野田中学校である。これまで見てきた伊良湖岬の3小学校と異なって、太平洋岸でなく三河湾沿いに位置する。野田中学校は東の旧田原市街地にある田原中学校と平成28年4月に統合したのだ（173頁）。
　そこでこの中学校の校舎活用策を検討することで、もう一つのケースス

タディを試みることとした。

　野田校区は東、南、西の三方を山に囲まれ、北は三河湾に面した平野地域で、人口3,277人（平成27年）、936世帯で構成されている。ここは古くから地域連携が強く、それだけに今もコミュニティ活動が活発な地域である。古く昭和57年には農林水産省のむらづくり部門で内閣総理大臣賞を受賞し、さらに最近では平成17年に優良公民館表彰を文部科学大臣から受賞している。みんなで考える「まちづくり」活動が評価されたのだ。主な行事として、サンテパルクたはら農業祭や体験収穫祭、三河湾沿いの仁崎の海水浴場海開き、小・中・保育園の合同運動会など地域が一体となって開催されている。サンテパルクとは野田地区の南に開設された体験型テーマパークであり、花と緑に囲まれた園内で遊・食が楽しめる。「花の半島、農業の半島」を象徴する施設である。

　野田校区はまさに優良農業地帯であり、田原市の農業産出額日本一を支える一翼を担う地域である。しかし反面で農業後継者不足や農業の将来性に悩む地域でもあるのだ。

渥美半島　田原市の農業産出額は久しく全国一である。

　廃校となった野田中学校は、昭和22年に新設された。したがって、設立70年あまりの歴史をもっていた。スポーツも盛んで最近も平成18年に新たに体育館が竣工され、平成21年には体力づくり優良校の表彰も受けている。敷地面積22,708㎡、建物面積4,300㎡の鉄筋コンクリート3階建てである。

　ここでも廃校活用について、以下の3つの案の検討を行った。

4章　廃校活用の応用案ケーススタディ

> **プラン1**　中学校は田園の中央部に位置しており、地の利を生かして教育文化のセンターや収納庫にしてはどうか？

　廃校活用を考える場合、まず頭を痛めるのは校舎の転用にかかわる手続きの煩雑さである。しかしもし教育委員会が学校関係の建物として使用し続けるとすれば、行政財産としても、教育施設としても運営できることになる。現に全国の廃校活用の7割が、その後も教育施設として活用されているのが実態だ。そうした視点から、この野田中学校の使い勝手を考えてみると、幾つかのアイデアが出てくるというものである。

　その1つの活用方法は、廃校となった校舎の歴史館としての活用案である。もちろん学校教育や半島の教育全般にわたる歴史資料館としてもよい。

　京都市学校歴史博物館の例から見てみよう。この歴史館は、廃校となった開智小学校を3億円掛けて改修し、平成10年に開館した（79頁）。

　「学校が廃校になってもそこの資料の保存は必要」との思いから市内の学校に遺された歴史資料（教科書・文献資料・教材・教具等）の約11,500点を収蔵。また卒業生などが学校に寄贈した美術工芸品（絵画・書跡・陶磁器・染織等）の約500点を収蔵、保存・展示している。

　この観点から言えば、当の野田中だけでなく、先行して廃校となった伊良湖、堀切、和地の小学校の資料や、今後引き続いて統廃合予定の諸学校の資料を、一括して収蔵展示することがあってもよいだろう。もっとも京都市学校歴史博物館の水準を維持するようなセンターにすることは資金的にも人員的にもなかなか困難である。より簡便な形で収容するほかない。しかしそれでも資料の散逸等を考えれば、廃校舎での保管は十分に検討されてよい。

　2つ目の活用策として考えられるのは文化財等の収蔵である。

　渥美半島は縄文文化の宝庫と言われる。数多くの出土品が発掘されてきている。吉胡貝塚、伊川津貝塚、保美貝塚などで貴重な発掘が続き、全国的に注目されてもいるところである。そこからの出土品（埋蔵文化財）は所管場所を拡散させながら収蔵を図ってきた。博物館や資料館の地下や使

197

用しなくなった庁舎建物、あるいは古くに廃校となった校舎に収めてきたのである。

　そんななか、渥美半島での縄文遺跡の発掘作業については、さらに文化庁も本格的調査を進めようとしている。福江地区にある保美貝塚を中心に、さらに多くの発掘が期待されるところだ。

　そうなると従来からの多くの未整理の出土品や今後新たに想定される出土品などを考え、その収蔵場所として廃校活用案が浮上するのは当然だろう。特に文化財の保護には大きなスペースが求められる。そういう点からいえば廃校舎の広い空間は、格好の「お蔵」となる。

　栃木県の大田原市も最近、廃校となった校舎を文化財の保管場所として本格的に活用することを決めた（106頁）。平成25年3月に廃校となった市立の寒井中学校の活用ケースである。そこを文化財の収納場所とし、地元の古民具、文化財等の収納にしようとしたのである。

　土器などの出土品は、その保管がどこの自治体でも大きな悩みとなっている。学芸員など人員的な不足が慢性化している中で、発掘される出土品は置き場所がなく、流浪の民のような存在になりかねない。大田原市の場合も土器や木彫などは、ある時は地元の歴史民俗館の空き会議室に置かれ、ある時は別の廃校舎に置かれてきた。今次廃校の寒井小学校は、まとまって収蔵できる格好の空間であり、保管場所に腐心していた大田原市の学芸員たちは、廃校舎の出現に飛びついたという。「とにかく屋根だけあってくれる建物でさえあれば有り難い。」（大田原市役所文化振興課）。それほどに困っているのが出土品の保管なのである。

　こうした文化財ニーズの受け皿として野田中学校を活用するのである。ただ一方で課題もある。

　第1は収蔵物を市民に展示すべきかどうかの問題である。渥美半島にとって縄文文化の出土品は郷土の一つの誇りである。それらを住民の目に触れてもらうことは大切である。ただ資料館の運営は何かと課題が多いものだ。率直に言って出土品は一部の人にしか人気がないのである。

　例えば、愛媛県河辺村の例を考えてみよう。河辺村（今は大洲市に合併）は戸数420、人口800人程の山間の集落である。廃校活用で当地の旧小

4章　廃校活用の応用案ケーススタディ

学校が「河辺ふるさとの宿」（139頁）として再利用されている、しかしその校舎は昭和53年に廃校となったもので、そもそもは民俗資料館として発足した。だが10年を待たずして廃止になる。人がほとんど訪れなかったのである。資料館としては平成6年に撤収し、校舎は宿泊施設になって集客をめざして再出発した。早期の方向転換が財政的なキズを深めずにすんだのだ。これから廃校での出土品室づくりを進める場合には考慮すべき事例といえるだろう。

　第2の課題は、維持管理費の問題である。収蔵文化財の量が増えれば、収納スペース、展示スペース等施設の拡大が求められる。そうすれば運営費が増え、人件費も増える。収蔵品の傷みが進行すれば補修費の増加も想定される。人的、資金的な資産を投入できるかが大きな障壁である。田原市には、田原市博物館や渥美資料館、田原民俗資料館、吉胡資料館等が既にあり、年間の運営費は約6,000万円である。それに加えて新しい学校歴史展示館での魅力的な収蔵展示がどこまで可能か、異論もあろうというものである。

> **プラン2**　中学校の建物に企業誘致を進めるといったことは想定できないだろうか？

　企業誘致を考える場合、廃校を行政財産から普通財産に変更し、また市街化区域内で用途地域も整合しているなら転用して受け入れが可能である。しかし市街化調整区域だと転用目的によって使用制限がある。企業の進出希望が出ても、受け入れ側で解決すべき課題が多い。

　しかし、それでも企業誘致という面から興味深い廃校活用例を紹介しよう。新潟県北蒲原郡は聖籠町での事例である。町の人口は1万3,910人（平成27年）。聖籠町立の旧亀代中学校を利用し平成14年に開校した男子、女子サッカーの専門学校「JAPANサッカーカレッジ」である。各種の専門学校などを事業展開する学校法人に対して、行政が「学校」の誘致を打診したケースである。これもあえてビジネスという視点から、廃校活用の企業誘致の一環として捉えることができるだろう。

199

(例)　　JAPANサッカーカレッジ（新潟県聖籠町）

　新潟県聖籠町の亀代中学校が廃校となったのは平成13年のことである。その活用策は、聖籠町が学校法人のNSGグループに廃校活用を打診したところから始まった。NSGグループ（＝Niigata Sogo Gakuin）とは新潟市に拠点を置く学校法人グループである。新潟総合学院や国際総合学園など、多数の大学、専門学校（NSGカレッジリーグ、FSGカレッジリーグ）、学習塾を経営している。医療法人や社会福祉法人なども多角的に運営する。行政から相談を受けたNSGグループは、町の活性化につながるならと日本初のサッカーカレッジの設立を決断する。

　校舎の再整備には自治体の補助金が一部使用されたが、学校法人国際総合学園がその大部分を提供。教育施設での再利用で建物の改修費が少なく済んだこともあって、運営維持費は学費等で賄うことができる状況だ。

旧亀代中学校　日本初のサッカーカレッジとなった。

　この廃校利用の最大の特色は、日本初で、どこにもない「JAPANサッカーカレッジ」として開校したことである。もちろん聖籠町の熱意も大きく影響したことが想像できる。今までなかったような「特殊な専門学校」も設立できる可能性があることを示している。年間試合数は 50ゲーム以上。Ｊ１、Ｊ２等のプロチームをはじめJFL（Japan Football Leage）や実業団チームなどを相手に年間50

4章　廃校活用の応用案ケーススタディ

> ゲーム以上の練習試合や公式戦を行い「試合経験」を積む。この試合により年間の利用者数は43,800人と、交流人口は大幅増となったのである。
>
> 〈聖籠町役場〉
>
> 〒957-0192　新潟県聖籠町諏訪山1635-4
>
> ℡ 0254-27-2111（代）

　ちなみにこの新潟県のNSGグループでは、もう一つ注目してよい展開がある。同じ新潟市で、未来の日本の農業を築く新しい農業教育の専門学校「新潟農業・バイオ専門学校」を運営し始めたことだ。この学校は廃校を活用したわけではないが、これからの農業を担う人材を育てようとしている新しい試みである。少し詳しく紹介しよう。

　学校の設立趣旨には、「農業、バイオテクノロジー（醸造・食品加工・環境科学）、園芸の３分野で職業教育を実践。新潟から自然栽培・６次産業などの次世代農業のビジネスモデルを担う人材を育成する」と謳う。平成23年の４月開校。平成29年４月には、農業と食品を専門に学ぶ４年制大学「開志大学」（仮称）を開学する構想も発表している。設置過程は３コースの学科がある。農業経営科は２年制（定員40名）、４年制大学併修・就農コース（定員20名）で構成される。バイオテクノロジー科は２年制（定員30名）、４年制（定員10名）で、園芸デザイン科は２年制（定員30名）である。

　この農業学校は発足したばかりで評価はまだ定着していないが、ユニークな専門学校であり、田原市のような土地柄にも、こうした学校設置を検討することがあってよいと思われる。特に田原市にはこの地の農業を先導してきた渥美農業高校が存在する。卒業後の彼らを迎え、渥美半島の農業を新しく切り開いていく人材育成には、こうした「農業（花卉）・バイオ専門学校」のような組織は大いに有用ではないだろうか。

　ただこうした企業（学校経営）を誘致する場合の課題、問題点は少なくない。学校を経営していく上で必要な生徒の募集などは少子化の進行の中

201

で全国的にも競争があって厳しい。教授陣の人材の確保も難題なのである。

プラン3　統廃合後の校舎に大学やその研究機関などを誘致することはできないか？

　大学等の研究機関ということでは、渥美半島には三河湾沿いの伊川津には、かつて東京大学農学部の水産実験所が置かれていたことがある。泉校区の伊川津である。昭和12年の日中戦争に入った年に開設され、戦後久しく研究活動してきた。しかし昭和45年に浜名湖近辺の新しい施設に統合され、閉館となった。水産実験所ではその所有船の名前に「いずみ（泉）」とその地名をつけるなど、地域との交流も行われていた。それだけにこの地の人たちには大学の研究施設への好感がある。

旧東大水産実験所　浜名湖へ移転前の風景である（泉校区）。

　そうしたこともあって渥美半島は、廃校活用に大学の研究機関の設置を思い浮かべる人は少なくない。まして渥美半島の農業出荷額は久しく日本一の座を占めている。花卉の品種改良などの研究気運は高い。

　徳島県上勝町の廃校活用の例はこれまでしばしば触れてきた（88、134頁）。しかしここでも、大学との連携事業という面から改めてその取組みを見ておきたい。上勝町が手掛けた落合複合住宅であるが、平成21年にオープンしている。そのオフィスの一つの使用について、徳島大学と上勝町とが以下のように包括提携を行ったのである。

　① 事業計画：地域再生のためにICT（Information and Communication Technology）＝情報通信技術を基盤とした「上勝町いろどり型中山間

4章　廃校活用の応用案ケーススタディ

ビジネス創出人材養成拠点の形成」を行う。

②　事業の柱：「地域再生人材創出講座の開設」「上勝学研究」「地域ビジネス創出」の３事業を行う。簡単に言えば、「上勝のビジネスの成功を分析し、実務として学びそこから人材を育成し、更なる新しい地域ビジネスを創出する」とする。

③　「上勝学・研究」のテーマ：昭和61年にスタートした「葉っぱビジネス㈱いろどり」である。いかにして約30年間も葉っぱビジネスが継続しているのか。昨今の年商は２億6,000万円とされるがその成長の秘密はなにか。パソコンやタブレット端末で見る「上勝情報ネットワーク」からの情報発信システムの構築はどのようにしてできたのか。その配信コンテンツはどのように進化していったのか。興味をそそる山間ビジネス事例を研究するものだ。

このように地元の課題を地元の大学が研究する。その成果を大学としてストックするとともに、地元にも還元する。こう見てみると、廃校舎を活用しての大学や研究機関との連携は捨て難いものがあるといってよいだろう。

まして渥美半島にはそうした研究開発を求める気運は高いのだ。田原市の農業生産額は10年前に既に約750億円（平成17年）、市町村別では先に述べたように全国第１位である。花卉生産額だけでも約350億円ほどだ。しかも、施設産業としての花卉産業も国内市場の減少やマレーシア・ベトナム等からの輸入品の拡大、後継者の不足など種々の問題を抱えている。

これからの田原市・花卉産業には、輸入品による国内市場の減少をただ見ている訳にはいかない。世界を市場と捉え、パリ、ニューヨークなどの欧米や、ドバイなどの中東に花卉を輸出し、自分たちで市場を獲得する方途は何か、収穫した翌日にパリの花屋さんに並ぶにはどうすればいいのかなど、求めるテーマは多いはずである。近隣の知多半島の「セントレア空港」を利用しつつ、生産、流通、店頭までの一括バーコード管理を行うには何が必要か。そうした研究が求められる田原市の農業といってよい。それだけに「田原市・花卉学」といった研究には少なからぬ大学が興味を持

203

つものと思われる。花卉では、岐阜大学の園芸学研究室が種々のテーマで農家にアドバイスをしている。豊橋技術科学大学は土壌汚染のテーマで渥美半島に関心を寄せる。

　そうした大学や研究機関との連携を、野田中などでの廃校活用の中で具体化するのも一考だろう。

5章　廃校活用へのもう一つの視点

廃校活用への もう一つの視点

　廃校活用は地域の活性化への起爆剤になる。そうした視点から全国の先行事例を検証してきた。しかしここでは、このような明るい面だけではおさまらない現実と、それへの対応策をもう一つの視点として記すこととする。

 廃校活用は独自のまちづくりができる好機

　いま我が国は、戦後を生きてきた日本人が久しく思いも寄らなかった風景を目の当たりにしている。集落からは極端に人影が少なくなった。子供の声も聞こえなくなった。そして学校統廃合が進み、廃校があちこちに発生している。しかし自分たちが育った学び舎を朽ち果てさせたくない、なんとか活用できないものか。育ったふるさとの元気を取り戻したい。そうした声が廃校を抱える各地で出ているのだ。

　しかし先に見たように、最近の12年間で廃校になった5,801校のうち、活用されているのは3,587校（70.3％）、活用されていない校舎が1,513校（29.3％）。3割が未活用のままである。しかも全く用途も決まらないのが廃校全体の2割に上る（平成26年文科省）。

　廃校舎は、知恵を発揮して地域の活性化のために何とか使いたいものである。いま全国の自治体はそうした中でいろいろな試行錯誤を重ねているといってよい。

1　廃校は地域の宝ものである

　そんな廃校活用の先行的な取組みを全国的に調査する中で、私たちはとりわけ触発される幾つもの実践例に出くわすことができた。

　例えば人口減に悩む徳島県の上勝町では、葉っぱビジネスに取り組む一方、定住促進策を行政の軸とした（88頁）。廃校となった小学校の建物を町営の「単独若者住宅」として転用し、ＵターンやＩターンの若者定住の拠点にしようとの選択であった。上勝町が全国に呼びかけたインターンシップ（事前の農林業体験）にはここ数年で500人を超える若者が参加してきている。最終的には東京や千葉などからの若者も含め20人ほどが移住しているのだ。

　愛知県東栄町の「のき山学校」では、よそ者の太鼓集団の「志多ら」グループのメンバーが中心となって定住するとともに、廃校を利用して地域交流と地域伝統の継承の場としている。その活動は多彩であり、確実にその地域の元気のもととなっている（93頁）。

　新潟県の佐渡では、東京からのＵターン夫妻が「学校蔵プロジェクト」を立ち上げた（81頁）。そこでは廃校を酒造りの場に転用するだけでなく、４つの未来像を掲げた。①酒造りの学び、②地域産物の利用、③酒を軸とした交流拠点、④朱鷺の舞う環境の島ならではの酒造り、の４目標だ。廃校活用というだけでなく、廃校を触媒に、全国や海外を見据えた一つの大きな文化運動を地域の中に展開しようという取組みであった。

　東京都豊島区での地元による廃校活用にも啓発される。「みらい館大明」である（105頁）。東京23区の中にあると言いながら児童減で廃校となった小学校を、コミュニティの文化拠点として活用したものだ。年間の利用者数が17万人余で、収益は5,000万円規模である（平成26年度）。経営が好調なのは首都圏の集積の高さが要因との見方もあるが、行政に頼らず自力で地域の活性化に貢献しようとする姿勢が、優れた廃校活用例となっていることを知った。

　廃校活用には今も様々な制約がある。転用にかかる建築基準法などの法的な制約、各自治体ともに悩む財政上での制約、そして地元の人々の考えの対立である。しかしそうだとしても廃校活用は、懐かしい建物を地域の

5章　廃校活用へのもう一つの視点

ためにいかに活用するか、そして自分たちの未来にどう生かすか、その熱意の中で地域の活性化のコアともなっているのである。廃校は自分たちで独自のまちづくりができる好素材と言える。いささか気負って表現すれば、廃校活用は、ここ100年来で我が国の自治行政が初めて体験するステージではないか。行政と地元がコラボして地域の未来を考える、格好のステージと言ってよい。まさに「地域の宝もの」と捉えることが可能なのである。

2　しかし「つくらない決断」「撤退する勇気」も

だが、それでも指摘しなくてはならないのは、廃校活用は決して万能薬ではないということである。廃校が社会教育や福祉、地域交流など様々な選択肢で期待されるのは間違いない。しかし選択肢が多いということと、効用を生むということとは別である。とくに廃校活用では、UターンやIターンといった人口増加策を主軸と位置付け、そのことに拘泥し続ける自治体は多い。しかし、それはそれで危ういのではないかと思われる。例えば小さな山間の自治体が、1億円も2億円も廃校改修費をかけて数人のUターン者を確保したとする。小さな子供の声がするようになれば地域は元気付く。財政への寄与もそれなりに生じよう。しかし本当にそうなるのか。副作用はないのか。功罪は長期的視点と、短期的視点とで検証されることが必要であろう。

我が国は少子高齢社会である。その進行を冷静に見据え、今後の地域社会のために何におカネを費やすことが一番賢明なのか、それを見極めなくてはならない。単にバラ色の未来を夢見るのではなく、今後の少子高齢化、限界集落化のなかでの将来負担の大きさなど、現実を直視しなければならないのだ。シンドイが、避けては通れない作業である。廃校の活用策は、この文脈の中でも検討しなければならないのだ。

10年後の村の姿を想定するT型点検

先細る集落（ムラ）の将来をどう見据えるか。そう遠くない将来に集落から人がいなくなるのに、立派な施設を造ることが必要か。そうした観点から、注目すべきアプローチが提案されている。熊本大学の徳野貞雄教授

207

のＴ型点検がこれである。平成22年に弘前大学で開催の東北都市学会で発表され議論された。Ｔ型点検というアプローチは、「過疎地域で10年後の村の姿を想定して、将来の危機＝リスクを認識し、その解決法を考えていくためのプログラム」とされる。熊本大学は福岡県八女市のある集落（ムラ）で、次のような点検作業を行った。

「集落単位、夫婦同伴で公民館に集まってもらい、班単位ぐらいに分かれて地図を書く。そして一軒一軒、誰が住んでいるかを、他出した子どもたちを含めて数え上げていく。その上で、10年後、20年後を想像し、耕作している田畑がどうなっているか、誰が家を継いでいるのか、どこが空き家になっているかを考えてもらうのである。そして全体を見渡してちゃんと地域がやっていけるのか、問題点があるとすればどこか、解決策はないか、こうしたことをみなで話し合っていく」（山下祐介「リスクコミュニティ論」弘文堂220頁）のである。

この作業を重ね、防災、福祉、環境といった総合的な問題点について、現在だけでなく、将来生じるであろう問題を見つけていく。この行動を積み重ねることで日常の見つめ直しを大いに有効にしようというものだ。

もっとも大学が行ったこの点検作業は、各家のプライバシーに踏み込むだけに、行政では行い難い面もある。だがこういった地域の将来を客観的に、しかも正確な生の情報で見ていくという作業は、地域施策の優先順位を決める上でも極めて重要であろう。言いかえれば、将来的に負担が大きくなるようなものは、捨象すべきという選択の根拠ともなるのである。

（例）　　げんき館おおぶち（福岡県八女市）

八女市は福岡県の南西部に位置する人口6.5万人（平成27年）の農村自治体である。平成の合併で６市町が１市となった。予算規模は一般会計で343億円（平成27年度）。ブランドの八女茶で有名だ。米はもちろん、小麦や果物、電照菊を中心とする。小島直記（作家）、黒木瞳（女優）、堀江貴文（実業家）などが出身者である。しかし増田リポートでは消滅自治体の一つに挙げられている。

5章 廃校活用へのもう一つの視点

旧大淵小学校　熊本地震では一時避難施設とされた。

　ちなみに八女市では、ここ10年間で9校の小学校と2校の中学校が統廃合された。廃校活用では下のような取組みがなされている。
　例えば旧笠原東小学校は、グリーンツーリズムをテーマに「えがおの森で里山を味わおう」と訴え、「えがおの森」（笠原東交流センター）とした。旧尾久保小学校校舎は、社会福祉法人「こぐま福祉会」に「みんなの館」としての管理運用を委託し、地域の交流センターにしている。下辺春小学校の廃校舎は、この界隈にはなくなった診療所の復活として活用される。
　八女市では工夫を凝らし、廃校舎の様々な転用策を試みていると言えよう。
　そんな中で平成26年に閉校した大淵小学校については、その校舎を改修し、簡易宿泊施設「大淵体験交流施設」として新しく平成28年2月にオープンさせた。愛称は「げんき館おおぶち」。宿泊室として洋室・和室の11部屋を完備しており、約100人の宿泊が可能である。大淵小地域は過疎の山間地である。地元ではほとんど子供の声を聞くことがなくなったこの地域で、廃校の宿泊施設化を強く望んだのである。それゆえこの施設は、体験活動などのほか、サッカーやレクリエーション活動の拠点施設にしようとしている。また災害時の一時避難施設としての機能を持つことも期待された。現に本年（平成28年）4月に発生した熊本地震では、このげんき館おおぶちはほとんど影響を受けず、そればかりか被災者の避難場所とし

て提供されている。そういう点では、地域に想定どおり貢献している施設として地元の愛着は広がりつつあるともいえる。

　しかしこの大淵小学校の改修に市は２億円強の公費をかけた。さらに管理運営費としては年間3,000万円ほどかかるとされる。経営も民間委託でなく、市の直営となった。担当者は４人。館長は市の職員である。他の３人は嘱託で、そのうちの２人は地域協力隊のメンバー、他の１人は地元の料理長だ。「スタートしたばかりではっきりしたことは言えませんが、採算は何とかクリアしていきたいと思っています」と市の担当セクションは経営的にも期待をかけている。平日はともあれ、この夏休みの土日はほとんど予約で埋まっているという。

　しかしもし、上記の熊本大学のＴ型点検プログラムとともに廃校の活用策を検討したとすれば、果たしてどんな選択肢を行政や住民は選んでいくのであろうか。Ｔ型点検の着想は、全国各地の廃校活用の現場に、傾聴すべき問題提起を提供するものと言ってよいだろう。

　　（連絡先）　八女市役所
　　　　　　　〒834-8585　福岡県八女市本町647
　　　　　　　℡ 0943-23-1111

　少子高齢社会ではコスト意識が大事になる。廃校活用の場合、将来にわたる修繕費や改修費の大きさは考慮されなければならない。今後の地域での体育館や公民館などといった施設運営の責任や建物メンテナンスの費用は、誰がいつまで負うのか。既に全国の各自治体では、いわゆるファシリティマネジメントと称して地域の施設の淘汰を考える作業に着手している。そうした公的施設の運用と同列で廃校も考えねばならない。

　廃校になったからといって既設の校舎を撤去することは忍びない。まだまだ使用できる建物を活用しないままに放棄する手はない。まして校舎には地域の歴史と思い出も詰まっている。しかしそれでも「校舎は捨てる」

5章　廃校活用へのもう一つの視点

という選択肢を意識の中に入れておきたいと考える。

　校舎の放棄案や施設の廃止案は、いやおうなく地元の反発を呼び、議会での反発を生むことだろう。しかし今後さらに厳しくなる人口減と財政難の下で、「つくらない決断」「撤退する勇気」を選択する心構えを行政は持つべきなのである。

3　「つくらない決断」と「無作為の放りだし」とは違う

　ただ気を付けねばならないことがある。それは「つくらない決断」と、何もせずに廃校舎を放りだすこととは、明らかに違うということである。少なくとも行政としての責任のもち方が異なるのだ。

　平成27年に一般財団法人の地方自治研究機構がとりまとめた、廃校活用の調査研究がある。全市町村1,741に対して行った調査で回収数は926、回収率は53.2％である。それによると全国の現存している廃校の活用状況については次のようになっている。

〔参考〕　　　　　　　**廃校の活用状況**

①　小学校の活用状況については、「現在活用中」が（75.3％）で最も高く、「過去に活用していたが現在は未活用」（5.8％）、「廃校当初から現在まで未活用」（37.3％）となっている。一方、中学校については、「現在活用中」（32.4％）、「過去に活用していたが現在は未活用」（1.2％）、「廃校当初から現在まで未活用（中学校）」（15.7％）となっている。

②　未活用の廃校施設を活用するための検討については、「今後、活用に向けた検討を行う予定」が22.5％と最も高く、以下、「検討の結果、活用することが決定しているが、現在は未活用の状態」（16.1％）、「検討していない（今後、検討する予定もなし）」（11.5％）、「検討の結果、廃校のまま維持することに決定」（5.6％）となっている。

③　廃校施設が活用されない理由については、「老朽化等の理由で施設を活用することが難しい」が74.1％と最も高く、以下、「活用に向けた

211

> 具体的な方策・アイデア・ノウハウ等が不足している」（40.7%）、「財源の確保が十分ではない」（40.7%）、「立地条件や周辺環境が活用に適していない」（33.3%）、「地域住民等との意見調整・合意形成が進展していない」（25.9%）、「担い手となる法人、団体、人材が不足している」（22.2%）、「法令上・制度上の制約がある」（11.1%）となっている。
>
> （注：いずれも複数回答）

（抜粋）　一般財団法人地方自治研究機構『市区町村における廃校施設の有効活用に関する調査研究』平成27年3月）

　この調査で注目しなければならないのは、一つは廃校施設の活用を「検討していない（今後、検討する予定もなし）」（11.5%）という数字であり、もう一つは廃校施設が活用されない理由について「活用に向けた具体的な方策・アイデア・ノウハウ等が不足している」（40.7%）という結果である。各自治体には廃校活用に着手できないそれぞれの事情があろう。しかし少なくない自治体が、廃校活用について「放りだし」ていると言わざるを得ない数字であるのに懸念を持つというものだ。少子高齢化のなかで地域社会は無気力になりつつあるとの指摘もある。その無気力な地域の気運を奇貨として、無作為を選択するとしたら、地域サービスを図る自治体の責任放棄というべきだろう。廃校活用について、住民とともに検討を重ねて「つくらない決断」をすることと、「無作為のまま放りだす」こととは明らかに違う。留意すべき側面である。

2　「あすなろ行政」から脱却すること

　井上靖の小説に『あすなろ物語』がある。翌檜が、明日は檜になろう、明日はなろうと願いながら、永遠になりえない「あすなろ」の木の説話に託し、将来は何者かになろうと夢を見、もがく人間の姿を描いた小説だ。

5章　廃校活用へのもう一つの視点

　都会に出て行った人を回帰させよう。我が町に若者を増やし、子供たちの明るい声に包まれたふるさとを再興したい。その夢のためには住宅を準備する、補助金を配布する、起業できるようにサポートもする。そう全国の多くの自治体は競争し始めている。平成27年のいわゆる増田リポート（「日本創世会議・人口問題検討分科会提言」）の、消滅自治体896との数に触発され、さらに多くの自治体がUターン者、Iターン者の獲得に気色ばんでいると言えようか。

　しかしちょっと立ち止まって考えてみたい。我が国の人口は平成20（2008）年の1億2,808万人をピークに減り続け、2030年には1億1,662万人になる。1割近く減るのである。それ以降も減少傾向は変わらない（5頁）。しかも全国の自治体で満遍なく減っていくのである。各自治体がそれなりに頑張ったとしても、残酷なことに人口増は絶対値的にはほとんど影響はない。それにもかかわらず1,700強の日本の自治体が皆、声を揃えて「人口の回復を、人口の増を！」と叫んでいる。小さくなっていくパイを、血道を上げて奪い合おうとしているようだ。

　確かに「東京から若者を地方に戻すとすれば、日本全体の子供の減少ペースが緩和されます。だから決してゼロサムの奪い合いではありません」（藻谷浩介発言『学校蔵特別授業』尾畑留美子著）などと言う指摘もある。しかしそんな単純に人口移住が進まないことは、戦後の国土の歴史を見れば明確であろう。

　それだけに各地域は、もうそろそろ右肩上がりの発想の限界に気付いてよいだろう。経済も人口も右肩上がりに伸びてほしい。そうした願望に絡め取られて、地域の将来計画を描くことは危険である。背伸びして空回りするより、むしろ身の丈の現実路線へ発想を変えることこそ、必要となってきているのではないかと考える。

1 「地域に住む幸福」とは何かを考える

　何が何でも人口増で地域の活性化をという発想はそろそろやめたい。縮小する人口減の事態に脅えないことも大切だ。

　「人口減少にいたずらに脅える必要はない。人間が安心して生まれ、育

ち、老いていける社会を築けば、自然との環境容量との関係で適切に調整されるはずである」（神野直彦『人口急減と自治体消滅』自治通信社43頁）という進言もある。少子化の進行の現実の中で、地域での生活を安心して営んでいくこと、生活を安定させていくことこそ大切だと、発想を切り替えていくことが求められはじめているのである。

この発想の切り替えという点では、もう一つの提案に耳を傾けたい。上述した増田リポートの増田寛也代表は平成7（1995）年に岩手県知事に就任している。そして「がんばらない宣言」を出す。県のポスターで作家の椎名誠を起用し、「ゆったりとした大河の流れ―これでいいじゃないか」のコピーで話題となった。その意図を増田知事はあるシンポジウムでこう説明する。

「岩手県では「がんばらない宣言」をこだわって言っています。岩手県は2、3周遅れで、常に東京を目指してボリューム勝負でやろうとすると、追いつけ追い越せ、がんばれがんばれということになります。その言葉は岩手だけでなく、日本の過疎地域と言われているところ、あちこちでの共通の現象だったのではないか。しかし、地域で見ればいろいろな価値観があるだろう。がんばらないという言葉を県知事が推奨するとは何事だと県内で怒られたりしてますが、がんばらないという価値観、多様に物事を見ていくことにこだわり続ける、がんばりたいというのが、この「がんばらない宣言」の趣旨です」（「不動産調査月報」2006年2/3号）。

「がんばらない宣言」は大きなインパクトを全国の自治体に与えたものと言える。バブル経済がはじけ、やがて来る少子高齢社会を見据えるとき、十分に正鵠を得た警告であったものと考える。スローライフへの提唱である。もっとも後日譚がある。この後の3.11東日本大震災をうけ、岩手県は急きょ、「～「がんばろう！岩手」宣言～」を出すのである。震災から1か月後の平成23年4月のことだ。事態が急転したことによるものだが、岩手県の180度の転換を皮肉を込めて詰めるマスコミ論調も存在した。また平成28年夏に行われた東京都知事選挙に増田元岩手県知事は出馬した。「東京も地方もどちらも大事」とのスローガンに、過疎地を捨てるものだとの批判も受けた。

5章　廃校活用へのもう一つの視点

しかしそれはそれ。縮む人口パイを全国の自治体が奪い合う、確かにそのことによる地域活性への波及効果はあるだろう。だが拡大路線に腐心するばかりに、地域に既に存在するスローライフの「幸福」を見失ってはならないのだ。

ちなみに平成10年に出された「観光立国基本構想」。そこでは「住んでよし、訪れてよし」と理念を謳っている。まずは「（その地域の人が）住んでよし」を第一とする地域づくりこそ優先しているのだ。次いで「訪れよう」と交流を重視している。この「住んでよし、訪れてよし」のフレーズを「あすなろ路線」と捉えずに、地元の今ある暮らしと資源を大切にする「あしもと路線」、あるいは「身の丈路線」と捉えてはどうであろうか。

廃校活用による地域活性化も、まさにこの視点を持つべきことと強調したい。

2　「内発型まちづくり」に再び注目する

四国の愛媛県内子町は人口1.8万人弱の農山村自治体である。しかしここ半世紀の間、その独自のまちづくりの手法と実践で全国に影響を与えてきた。その内子町は、平成27年の春に策定した総合計画でも、次のような時代認識を示している。

①　社会は人口急減時代である。2040年から全国の人口減少は急カーブとなり、過疎市町村の人口減少は止めにくい。

②　めざすはコンパクトなまちづくりである。人口増加を前提としたまちづくりから、小さいながらも高機能な対応能力を備えたコンパクトなまちづくりへ転換する。

そしてまちづくりのキャッチフレーズに以下の2つを宣言する。

①　キラリと光るエコロジータウン内子

②　住んでよし、訪ねてよし、美し内子

内子町は、1980年代から我が国の「内発型まちづくり」の代名詞になってきた自治体である。人口減少が本格してきた昨今、その内子町はどんな状況にあるのか。「あしもと路線」「身の丈路線」の先行例として、詳しく追ってみることとしたい。

215

（例）　　　内発型まちづくりの町（愛媛県内子町）

　愛媛県の内子町は人口17,501人（平成28年）。平成17年に旧内子町、旧五十崎町、旧小田町の合併によって東西30km、南北18km、面積300kmの広さになっている。その広大なエリアの中で、水田面積はわずか2.2％、森林原野が77.3％。典型的な中山間地域である。愛媛県は戦後、新居浜などでの臨海工業地帯の整備と宇和島エリアのレクリエーション都市建設を重視し、内子町界隈は取り残された形になっていた。しかしその内子町が、町並み保存を軸に初めて総合計画を策定したのは昭和58年。それから40年近く、町はその独自のまちづくりで全国に知られる存在となった。

内子町の様々なプロジェクト

　その小さな内子町がどのようなプロジェクトをやってきたか。

　最初の、そして大きな一歩は町並みの保存である。内子町には、明治から大正の時代、ハゼの実からとれる木蠟によって栄えた裕福なお大尽が多く、美しい家屋や蔵が多く建てられていた。しかし安いワセリンの登場で蠟産業が一気に衰退。しかし町並みはそのまま残されていた。この古い町並みに金をかけて保存することが地域の振興になるとして、町は重要伝統的建造物群保存地区「八日市護国」の保存を図るのである。ちなみにその牽引の中心になったのは河内紘一である。昭和54年から町長を8期30年余の長きにわたって務めた。そしてその町政を支えた岡本文淑ら熱い職員たちがいたことも特筆されてよいだろう。

　そうした気運が最近では住民主体による水車小屋などの「石畳地区の村並み保存」（223頁）となって話題も呼んだ。「町並みから村並み、山並みへ」と全地域にこうした取組みが発展し、都市と農村の交流事業を支える資源を大切にした、まちづくりが進められてきているのだ。

5章 廃校活用へのもう一つの視点

八日市護国　重要伝統的建造物群地区として保存する。

　他方で取り組んだのが高次元農業（脳業）の提案だ。地元の人たちがドイツなどの農業を体験し、都市の人が農業体験する姿を身近に見てくる。新鮮でおいしい農作物を提供するだけでなく、付加価値を付けて商品化し農産物を売るためにはどうしたらよいか。本に囲まれた研究熱心なドイツの農家の人たちの姿を見て、「農業には知恵が必要だ」「農業は脳業だ」ということになったのだ。今では、すっかり知的農村塾として勉強会や海外視察が盛んになる。産直市場のフレッシュパーク「からり」はもとより、需要と生産を結ぶ受注システムやトレーサビリティ（生産者追跡）など、環境破壊のない安全な環境保全型農業が行われる。ちなみにこれは、全国で行われている「農協型農業」へのアンチテーゼともいわれる。

　また、内子座の復活にも注目してよい。大正初期、内子町がまだ栄えていた時、建てられた歌舞伎劇場だが、昭和58年に古い町並みが「木蝋と白壁の町並み」として保存された一環として復元する。伝統的な歌舞伎劇場のスタイルで、先代の中村勘九郎さんなどが好んで公演するなど多くのファンを得ている。

　「内子人学校」というプロジェクトもある。内子が大好きで、内子の文化と伝統を伝える内子人を育てることを目標とする。内子の産業を引き継ぎ、支え、発展させていく内子人を、内子の地域全体を学校と見立てて、地域の人たちとの交流を通じて育てていく。

217

ねらいは交流人口を増やすこと

　こうしたシンボルプロジェクトを通じて、内子町は「交流人口」を増やしていこうとしているのである。人々は例えば手作り農業を体験し、都市と農村の交流産業に発展させていく。新鮮野菜でヨーロッパスタイルの料理を作り、農業体験をグリーンツーリズムに発展させ、町並みや内子座の観光産業とも連携して、交流ビジネスを振興しているのだ。

　果たして人口1.8万人に満たない内子町に、ここ最近では年間100万人が入ってきている。平成22年度の観光入込み数は何と113万人であった。しかもこの内子町には、住民主体のまちづくりを進める自治の気運があることにも注目したい。内子町の集落調査をした松山大学の鈴木茂教授はこう指摘する。

　「合併後10年を経過するが、集落が大きく崩壊せず、地域社会が維持されているのは、内子町が20年以上にわたって取りくんできた住民自治組織、コミュニティの再生であり、住民主体のまちづくりの経験と集積があるからである」（鈴木茂『人口減少社会を考える』2014調査研究情報誌ECPR）。

　内発型まちづくりの町には、それを支える住民や職員が幅広くいるということだろう。

　　（連絡先）内子町役場／町並・地域振興課
　　〒791-3392　愛媛県喜多郡内子町内子1515
　　℡ 0893-44-2118

　内子町は、「小さくてもキラリと光るまちづくり」を標榜する。すなわちコンパクトであることを良しとし、その主軸は定住人口増というより交流人口の増加策を選択しているのである。もちろん内子町も人並みに定住人口策も展開してきている。「うちこんかいプロジェクト」として平成18年から、200人の移住者の確保を目指しているのだ。実績としても100人余を確保している。しかし主眼はあくまで交流人口にあることは自他ともに

5章　廃校活用へのもう一つの視点

認めるところなのだ。定住人口増にしゃにむにこだわることをしない、い
わば「醒めた熱意」のような姿勢が、行政にも住民にも感ぜられるという
ものである。

　確かに日本の国土の中でのライフスタイルは既に大きく変わってきてい
る。土着的な生活スタイルだけでなく、漂流するスタイルの生活も多くの
人々が選択するようになっているのだ。戦後3,000万人を超えていた農業
人口は今や260万人（平成23年）にまで減少した。高度成長期に東京など
の大都市に流入した人々もふるさと回帰の思いの中で、ある人は別荘を持
ち、ある人は故郷に軸足を置きつつある。

　若い世代の一時の熱い向都性向も既に近年は沈静化し、大学生の地元就
職志向が拡大しつつある。ちなみに愛知大学（豊橋市キャンパス）の就職
課の担当者はこう説明する。

　「愛知大学（豊橋キャンパス）の場合は、そもそも学生の出身が三河、
尾張、南信州、遠州といった地域性を持っています。しかしそれにしても
最近の学生の地元志向は高くなっています。どこに就職したいかと問え
ば、「第1は地元です」と答えます」という説明であった。

　しかしそうはいっても、必ずしもどっぷりとした土着的な定住志向では
ない。国民は人生90年、人生100年の時代の中で、また都市化の拡大の中
で、様々な生活スタイルを選択しようとしているのだ。例えば廃校活用調
査で全国を歩くとき、地域おこし協力隊のメンバーによく出くわし、驚か
されたことがある。廃校活用の作業に、その若い彼らが積極的に関わって
いるのである。内子町の廃校活用でも、八女市の廃校活用でも中心軸の一
つとなっていた。地域おこし協力隊の仕組みは発足してまだ短い。平成21
年に総務省によって制度化されたばかりだ。地方自治体が募集を行い、地
域おこしや地域の暮らしなどに興味のある都市部の住民を受け入れる。発
足してわずか5年後の平成26年度には全国444の自治体で1,511人の隊員が
活躍している。この仕組みの浸透ぶりに、土着でなく漂流するライフスタ
イルを選択する若者の変容を垣間見るというものだ。

　この辺りのことをある人は別の視点から、次のように指摘する。佐渡市
での「学校蔵」廃校調査で教えられたものである。「（地域の絆を築くの

に）もう一つカギを握るのが「Sターン」です。ショートターン、スモールターンという意味」（玄田有史発言『学校蔵の特別授業』尾畑留美子著）だというのである。傾聴すべき観点といってよいだろう。

3　あるまちづくりアドバイザーの指摘

　この内子町をはじめ、戦後日本の各地の地域活性化において、「内発型まちづくり」の大切さを1970年代から一貫して主張してきた自治体アドバイザーがいる。斉藤睦CSK（地域総合研究所）代表だ。こう指摘している。

　「ほんの最近まで、いや現在もわが国では補助金を使った施設建設などのハードのまちづくりが主流です。その結果それぞれの地域の特色や個性が薄れ、似たようなまちづくりがあちこちで現れてしまいました。外からの地域開発、補助金や規制で縛られた画一的な施設建設や工業団地づくりなどは地域の実情に必ずしも合わないのです。地元の人のアイディアを重視する。すでにソフトの担い手として、自治体や町内会、NPO、ボランティア、退職シニアといった新たな主役が登場している。既成概念の情報や補助金、前例踏襲といった規制に囚われた「しばり」を外し、現場主義の発想で地域の内側からまちづくりを進めていくことが試みられています。「いまこそ改めて"内発型まちづくり"が必要です」。（斉藤睦CSK代表・FJK通信〈平成27年7月13日号〉）

　ちなみに斉藤代表はさらに「志をもった小さなムラが行政を変える」ということが大切と考え、それだけにこうも指摘する。

　「70年代から『志を持ってやっていく、小さなムラから行政を変える』ことを意識して私たちは自治体へのサポートを続けてきました。画一的な補助金によるまちづくりから脱却し、自立し自律する計画づくりを目指したのです。「内発的地域開発（まちづくり）」です。

　北海道はワインによる池田町や大分県の湯布院のまちづくり、沖縄は石垣島などの「シマおこし交流会議」、長野県飯田市の「住んでよく、訪ねてよいまち」観光計画、大分県安心院では「一村一品運動」などを進めました。小さな村でも住民が工夫して特産品を生み出している点では、外からの地域開発の発想と明らかに異なっています。飯田市の「住んでよく、

5章　廃校活用へのもう一つの視点

訪ねてよいまち」の合言葉は、国の観光振興計画のスローガン「住んでよし、訪れてよし」に受け継がれていると思っています。

80年代に入って、NIRA（総合研究開発機構）が沖縄と大分の取組みを、『ムラおこし（内発的地域振興）の実践と理論』、『大分県の「一村一品運動」と地域産業政策』としてまとめました。前後して私たちは中野区や横浜市のまちづくり白書、内子町の新総合計画、愛知県足助町の第2次総合計画「あすけロマン」などをサポートしました。

そしていま日本は人口減の時代を迎えました。地域でのまちづくりのあり方が改めて問われています。戦後試みられてきた小さなまちでの個性ある取組み。こうした感覚が現代こそ必要となってきたのではないか。そう思います。

その際、心がけることは「行政と住民の協働」です。内子町の計画では、「内子人」を育てる内子人学校、町並みを保存した観光産業、農業から脳業へという高次元農業などを提言し、今では農業や町並みなどの交流事業が格段に活発になっています」（同上）。

斉藤代表の主張する「内発型まちづくり」あるいは「現場主義」。それこそまさに、「あすなろ路線」でなく「あしもと路線」「身の丈路線」というべきベクトルと符合するものと考える。

さてその内子町での廃校活用はどんな形で取り組まれているだろう。最後に紹介しておきたい。

（例）　　内子町の廃校活用（愛媛県内子町）

御祓小学校区　地元の人たちが自主的に水車小屋を守る（愛媛県HP）。

　現在、内子町では廃校になった4つの小学校について、その活用策が議論されている。平成22（2010）年に廃校の程内小、平成26年に廃校の参川小、田渡小、御祓小の4校舎である。町の総合計画では以下のように掲げる。

　「参川小学校、田渡小学校跡地について、各種補助金等を活用しながら、地元内外の情報や知恵を引き出すワークショップ、研修会などを開催して、その利活用策を検討する。その中では、町内の他の廃校施設などとともに、全国公募による活用策も検討する」（第2期内子町総合計画　平成27年）。

　もっともこの総合計画だけでは内容が分かりにくい。もう少し地元の取組みを説明するとこうなる。

　内子町は発生した廃校の活用策について、行政は自分たちからアイデアを出すことをせず、まず地域の各自治会に投げかけている。内子町の場合、地域には5自治センター（行政の出先事務所で旧内子町に3つ、旧五十崎町と旧小田町に各1つ）があるが、自治会は全市で41ある。そのうちの関係自治会に廃校活用プランの検討を初めから投げているのである。住民自治がモノゴトを決める主体であるとのスタンスである。

　「内発型まちづくり」を支える内子町の自治の評価は高い。1970

5章　廃校活用へのもう一つの視点

年代からの八日町護国などの町並み保存事業では、住民主体のまちづくりが地域と行政の共通概念であった。平成に入る頃には石畳地区で村並み保存運動が行われ、地区の若者が行政のカネに頼らず、自らの建設資金と労働力で水車小屋を復元させる。また平成11年に日本の棚田百選に選ばれた泉谷地区の里山の保全は、地元の「泉谷地区棚田を守る会」がこれを支えている。

　ちなみにこの棚田を抱えるエリアに御祓小学校があり、町はその御祓自治会に廃校活用策の検討を依頼したのである。もっとも行政も全くの丸投げではない。「地域おこし協力隊」のメンバーもこれには参加している。この「私」を軸にした「公」との協働体制は、内発型まちづくりの一つの表れと捉えて良いだろう。

　そしてこの御祓自治会では廃校活用の今後として、「コミュニティビジネス施設」として活用していこうと、まとまりつつあるという。内子町での廃校活用策は、住民がまず自分たちで考えていこうとしており、また何よりも地域の元気づくりを主眼としているのだ。一味違った廃校活用の工夫をしているといってよい。

　（連絡先）内子町役場総務課
　　　〒795-0392　愛媛県喜多郡内子町平岡甲168
　　　Tel 0893-44-6151

　内子町の廃校活用策の検討は、全体としては現在（平成28年）まだ継続中である。しかし地元を訪れ、ヒアリングしてみて気付かされたことがある。その2つをここでは書き留めておきたい。

　1つは内子町のもつ自治会重視の姿勢である。半世紀にわたり「内発型まちづくり」を支えてきた「公」と「私」の協働したまちづくり。その内子の歴史が廃校活用といったステージにも大いに機能していることである。もっとも地域の実態は全てがスマートであることはない。市の職員はこうコメントする。

　「少子化や高齢化の中で自治会も大変です。自治会長ともなれば住民間

223

の調整にも力を注がなくてはなりません。。役に就く人はみんなシンドイようです。それでも自治会の人たちは自主的に動く。これが内子ですね。少子高齢社会のなかで、コミュニティは一番大事になります」。

こうした内子としての独自のまちづくりを進めるという自負は、耳にして快い。

そしてもう１つは「小さくてもキラリと光る」視線を、行政のみならず地域の人たちも踏襲している姿勢である。もちろんキャッチフレーズの言葉をそのまま意識して行動しているわけではないだろう。ただ内子の人たちには、自分たちの生活は自分たちでつくるのだという気概があるようにみえる。それが定住を図る拡大路線に拘泥せず、廃校活用にあっても交流策を主にしようとする。そして何よりも内子の町の暮らしと風土を大事にする、そうした姿勢を住民も役場も持っていることである。

この地での廃校活用がいかなる展開をしていくのか。「あしもと路線」「身の丈路線」がどうアイデアとして結実するか。一つの注目すべき試金石がここにはあると言ってよいだろう。

〈執筆者プロフィール〉

嶋津隆文（しまづりゅうぶん）

昭和22年愛知県生まれ。早大法学部卒。東京都庁入庁。ニューヨーク駐在代表、生涯学習部長、東京観光財団専務など経て松蔭大教授。平成25年田原市教育長。現在、松蔭大学客員教授、愛知大三遠南信センター研究員、NPOフォーラム自治研究（FJK）理事長。日本都市学会員。著書に『どこで、どう暮らすか日本人』（TBSブリタニカ）、『成田の大地と渥美の空と』（産経新聞）等。

久保田経三（くぼたけいぞう）

昭和23年東京都生まれ。都立大経済学部、同法学部卒。東京都庁入庁。企画審議室、交通局等で行政計画、交通行政等を担当。この間、国土庁、保谷市助役を歴任。都職員共済組合事務局長にて都を退職。都農林水産振興財団理事長、日本自動車ターミナル（株）監査役を経て現在NPOフォーラム自治研究（FJK）理事。著書に『市街地形成の政治経済学』（ブイツーソリューション社）等。

```
（注）　NPO法人フォーラム自治研究（FJK）
　　　　〒101-0051東京都千代田区神田神保町2-14朝日プラザ204
　　　　（連絡先）nrc02943@nifty.com
```

板倉祥文（いたくらよしふみ）

昭和27年愛知県生まれ。信州大学農学部大学院修士課程修了。㈱矢野経済研究所勤務の後、平成7年、マーケティング専門の㈱流通経済社設立、社長就任。現在、渥美半島・田原市の人口減少に歯止めをかけようと奮戦中！　渥美半島100年の計・研究所、渥美半島ハーブの会、学習支援「寺子屋」を主催中。カリスマリーダーの時代から一市民の時代へのパラダイムシフトを目指す。

学校統廃合と廃校活用
―地域活性化のノウハウ事例集―

平成28年11月1日　初版発行

編著者	嶋　津　隆　文
発行者	星　沢　卓　也
発行所	東京法令出版株式会社

112-0002	東京都文京区小石川 5 丁目17番 3 号	03(5803)3304
534-0024	大阪市都島区東野田町 1 丁目17番12号	06(6355)5226
062-0902	札幌市豊平区豊平 2 条 5 丁目 1 番27号	011(822)8811
980-0012	仙台市青葉区錦町 1 丁目 1 番10号	022(216)5871
460-0003	名古屋市中区錦 1 丁目 6 番34号	052(218)5552
730-0005	広島市中区西白島町11番 9 号	082(212)0888
810-0011	福岡市中央区高砂 2 丁目13番22号	092(533)1588
380-8688	長 野 市 南 千 歳 町 1005 番 地	

〔営業〕TEL 026(224)5411　FAX 026(224)5419
〔編集〕TEL 026(224)5412　FAX 026(224)5439
http://www.tokyo-horei.co.jp/

©RYUBUN SHIMAZU　Printed in Japan, 2016

　本書の全部又は一部の複写、複製及び磁気又は光記録媒体への入力等は、著作権法上での例外を除き禁じられています。これらの許諾については、当社までご照会ください。

　落丁本・乱丁本はお取替えいたします。

ISBN978-4-8090-4067-2